土木年华四十载

南京工学院（东南大学）5178班纪念文集

周 琦 主编

东南大学出版社·南京

图书在版编目（CIP）数据

土木年华四十载：南京工学院（东南大学）5178班
纪念文集／周琦主编．—南京：东南大学出版社，
2018.10

ISBN 978-7-5641-8016-4

Ⅰ．①土… Ⅱ．①周… Ⅲ．①东南大学–校友–回忆录
Ⅳ．①G649.285.31-53

中国版本图书馆CIP数据核字（2018）第221815号

责任编辑：戴　丽　魏晓平
封面设计：毕　真
责任印制：周荣虎

出版发行：东南大学出版社
社　　址：南京市四牌楼 2 号　邮编：210096
出 版 人：江建中
网　　址：http://www.seupress.com
电子邮箱：press@seupress.com
经　　销：全国各地新华书店
印　　刷：江苏凤凰数码印务有限公司
开　　本：700mm×1000mm　1/16
印　　张：17.5
字　　数：235 千
版　　次：2018 年 10 月第 1 版
印　　次：2018 年 10 月第 1 次印刷
书　　号：ISBN 978-7-5641-8016-4
定　　价：68.00 元

（若有印装质量问题，请与营销部联系。电话：025-83791830）

主　　编：周　琦

编委成员：郭正兴　韩欲平　邱洪兴

孟少平　吉同宁　王丽华

林　洋　李华生　成小竹

周鹏维

主编助理：陈宇恒

走出学校门墙，奔赴广阔天地，在不同岗位上开展竞赛，为社会主义四化贡献青春

钱钟韩

一九八二年七月

学以致用

杨廷宝 1982·4·1

78 级同学录
（图片来源：赵万珂 提供）

历年合影
（图片来源：邵俊华、邓强 提供）

序言一

　　1977 年对于中国而言是一个重要的时刻，在那一年中国的政治与历史走向发生了巨变，由邓小平倡导并决定的"恢复高考"则是那些重大变化中极具分量的一部分。在此之前，中国的高考制度已因"文革"而中断十年，大学也停顿招生多年，直到 1970 年才开始招收基于推荐制度免试入学的"工农兵大学生"。1978 年入学南京工学院（现为东南大学，原为国立中央大学）土木工程系工业与民用建筑专业的学生属于最早受益于"恢复高考"政策的那一批人，他们来自不同的生活背景，年龄跨度十余岁——有 1960 年代的高中毕业生，也有应届高中毕业生，但却都因为参加了高考而相逢、相识。1978 年进入南京工学院学习的学生实际上共有两批，分别为通过参加 1977 年 12 月份的第一次高考而被录取的在春季入学的 77 级学生以及通过参加 1978 年 7 月份的第二次高考而被录取的在秋季入学的 78 级学生。

　　1977 年与 1978 年的两次高考蔚为壮观，当时全国各类高校、各个学科同时招生，引来近 1 200 万人踊跃报考，但最终只录取了 67.5 万人，录取率不到 6%。在如此之低的录取率下，能够通过考试而入学并非一件容易的事，也正因此，1978 年的大学校园中吸纳了许多来自社会各界的优秀分子。这些初入大学校门的学生们不乏各行各业中的佼佼者，他们有的来自工厂，有的来自农村，有的来自军队、机关和学校，还有城镇中的待业青年。高考改变了这代人的命运，也改变了中国的命运。在随后40年的岁月中，这批1978年入学的大学生在各自的岗位上发挥了重要的作用。可以说，中国改革开放以来所取得的成就离不开这批人的努力。

今年正逢南京工学院土木工程系工业与民用建筑专业77级、78级校友入学40周年，借返校庆祝之机，大家倡议要出一部回忆录，历史性地呈现各自入学以来的人生经历，分享这40年来的困难、成就与感想。这部回忆录主要有两方面的意义：首先，作为汇聚了众多回忆的集合体，它既是一种同窗间的交流与互动，也是留给各自子孙后代的一个有字的证据，可以让他们了解父辈与祖辈的心路历程；其次，这部回忆录对于研究中国改革开放以来教育史、科技史、工业史、社会史等也具有一定的史料价值，我们可以从中以第一人称的形式看到这批1978年入学的学子们的人生轨迹，看到他们如何与国家共同成长、共度难关，看到他们感悟人生时所闪现出的智慧之光。

基于上述原因，我们便在1978年入学南京工学院土木工程系工业与民用建筑专业的同学中发起了征文活动，一共征集到了

40 余位校友的文章。我们当年共有近 80 位同学，但很遗憾的是因为其中有些人已不在人世，或者是出于种种原因，未能集齐所有同学的文章。南京工学院土木工程系为中国的土木建筑行业输送了大量的专业人才，土木建筑行业在中国改革开放以来的蓬勃发展离不开这些莘莘学子的努力与付出。在这批校友中，有的人参加了中国的重大工程，比如中国天眼的施工工程；还有的人为长江大桥、高速铁路等重要基础设施的建设立下了汗马功劳；也有同学们认真工作在基建管理、结构工程设计、工程管理及监理、房地产开发等不同的领域和行业，默默无闻、兢兢业业 40 年；还有的同学留学，工作在海外，体现了中国培养的工程技术人员的水准和风采。我们可以在书中看到许多有关这些经历的生动、具体的回忆。

　　谨以此书献给我们的母校。难忘我们一起走过的岁月，希望这部回忆录能够成为同学们相聚时的一朵浪花（本书最后由我的博士研究生陈宇恒和吴彦鸣同学整理成册）。

周琦

2018 年 6 月于南京市四牌楼 2 号前工院

序言二：我们相聚在金秋

那个秋天特别温馨，距今已经 40 年，我们记忆犹新，仿佛就在昨天。我们来自 14 个省市，汇聚在金陵。一个神奇的数字"5178"，和我们的人生紧密相连。南京工学院，土木工程系，工业与民用建筑专业。懵懂中，我们步入了土木行业。

十年"文革"，荒废了学业，稍微幸运的人，或进厂，或当兵。大多数人下了乡，去种田。属虎的小弟们，从小学到高中只读了九年。

恢复高考如同惊雷，让我们在寻求知识的道路上，能靠自己的努力前行。高考往事，每一位同学都能写上一大篇。

1978 年，全国统考卷，同一班级，78 位同学，入学总分地与天，从 429 到 360；英语分，更加离奇，86.5 到 0。同学的年龄相差一倍。这些悬殊的差异，没有影响学业，因为，我们都非常珍惜！读书，来之不易！

曾记否？清晨，去教室占座位；午间，继续学习；路灯下，还有夜读的倩影。

生活十分清贫，解放鞋，绿书包，一身的青灰，裤腿上还常有补丁；食堂的菜肴比较单一，想多买，也没有钱。

我们共同走过了 4 年,同窗同学 1 400 天。

我们的老师堪称土木行业的辛勤园丁,他们离开讲台也有十多年,重新拿起粉笔时,致志、专心,敬业精神将我们感染。师生同心,学术攻坚,"5178"圆满完成了学业。毕业已 36 年,老师们的音容笑貌犹在眼前。感谢你们!祝福你们像南山的松柏,长寿,常青!

背着行囊,怀揣文凭,那是 1982 年。到北京、到天津、到仪征、到油田,回到家乡去,沿着沪宁线……我们为祖国建设打下烙印。出国深造的,他们也不忘初心。

砼最好的添加剂是什么?是工程师洒下的汗水。世界上最强的材料是什么?是土木人顽强刻苦的精神。我们和砂石、泥土打交道,我们是奠定基石的人,我们是城市新区建设的先驱。那矗立在首都的人民日报大厦,那遥望苍穹的天眼,那悬壶济世的门诊楼,那生态智能的高校新区……像繁星熠熠,镶嵌在祖国大地上。"5178",我们引以为豪!

回眸 40 年,为了祖国建设,我们把美好的年华奉献,无怨无悔。

同学们,让我们携手并肩,徜徉在人生的大路上,相约 2018 年金色的秋天!

周鹏维

目录

5178 班土木年华四十载

01.
我是这样与土木结缘的

——写在大学同学相见 40 年之际

5178104 曹和喜

时光飞逝，岁月留痕。才从忙忙碌碌的人生中悟明点什么，一晃已到花甲之年。从入校踏进土木工程系的那时起，屈指一数，已与同学们相识 40 年了。要问我是怎么与土木结缘的，还得说起参加高考时的事。

先说说参加高考：我是 1976 年在泰县苏陈中学高中毕业，回乡务农的。1977 年下半年国家恢复高考，莘莘学子群情振奋，我抱着试试看的心理，参加了报名。当时的想法是：先报考难度系数小的中专，只要能跳出农门就好。那时，我代任大队团支部书记，白天出工干活，晚上忙于 56 个人的毛泽东思想宣传队，没有停工认真参加复习，更不敢声张，怕考不上让人家笑话，仅是早晚抽空复习和临时参加了几次复习突击班。由于复习得不充分，虽经县、省两级统考，还是名落孙山。

翌年春节一过，中学就已轰轰烈烈地办起了两个高考复习班，而我还在生产队上工。直至 3 月底，学校分管教学的副校长来到我家，要我参加复习班，并耐心说服了我的父母。那年头我们家兄弟姐妹四个，家里穷，父亲又多病，家庭缺少主劳力，挣不来工分，常常无法从生产队分回来口粮。我是家里刚接上力挣工分的，我母亲一直反对我去参加复习考试。

4 月 1 日起我就全身心投入复习，学校让我加入高考复习班。由于我们读高中时学得太少，底子很差。"不学 ABC 照样能种田、读书无用"等影响太大，没有人好好读书，像高中数学第四册解析几何部分等好多课程学校就没有教，改成了面向农村的"三机一泵"等课。要参加高考没有捷径,只有苦拼!用叶剑英的话"世上无难事,只要肯登攀,科学有险阻,苦战能过关"作为强大精神动力,夜以继日,压迫式恶补学习。那时我家用的是小煤油灯,为支持我开夜车,父亲特地给我买了一盏带防风罩的大煤油灯。记得那年夏天,有一天夜间学习时,我偶然用手抹了一下腿,竟是一巴掌血,原来蚊香已不管用,蚊子早已吃饱喝足。经过几个月的突击,自我感觉学习跟同学们的差距缩小了。那几个月我是怎么拼过来的,现在想想是不可置信的事。当再次幸运地走进考场时,信心比上年足了许多,当然紧张是难免的。

再说说填报志愿:待考试成绩出来后,学校组织有经验的老师对每个录取达线同学的成绩逐个进行认真分析研究,彻夜不休息,帮我们落实好志愿再各自填报。他们大都是从大城市下放到基层中学的名牌师范院校毕业的教师,很有教学水平,这对我们农村基层中学的学生来讲是很幸运的。那时我们的志愿可填第一类5个学校,第二类5个。我拿到老师推荐给我的志愿单子还真犯了难。第一类的第一志愿是大连理工学院,第二志愿是南京工学院……我反正也不懂学校和专业,更谈不上人生志向,问问出过远门的人才知道,到大连要汽车转乘火车,光车费就要大几十块钱,够家里一年养的一头猪钱,而到南京才不到5元。不想再给年迈体弱的父母增加额外负担,就这样我悄悄地将第二改填到第一上去了。

至于专业,其实我中学时就常找人学看机械图,很喜欢机械行当,缘由是我父亲是铁匠,自然我也会几下铁匠活。本人自学展开图,会白铁工活,上大学前我已能敲做煤油炉、水桶之类的物件,还会点木匠活,桌椅板凳也能制作。当时我想:南京工学院有机械系,可能更多城里人喜欢机械专业,万一报扎堆了录取不上,会对不起老师和父母。土木工程系肯定与土、木打交道,我回乡劳动吃过苦，建房造屋受得住，就这样填上了土木工程系工业与民用建筑专业。到9月下旬，等来了邮局送达的录取通知书，上面明确地写着"南京工学院土木工程系工业与民用建筑专业"。就这样我与同学们、与土木结下了一生不解之缘。

　　寒来暑往四十载，芳华掠过写春秋。毕业后几十年本人经历了甲方、施工、房地产及政府项目管理等，一直从事着与土木相关的工作，虽无甚建树，但我很感恩：感恩那年国家恢复高考，才得跨进南京工学院大门与同学、与土木结缘，有了我的终身职业；感恩遇到一个好的时代，有一个稳定的社会环境和一个和谐的家庭。感慨两点：一是出学校门后的工作平台对个人的影响很大；二是后天的机遇和个人的勤奋努力相融相济。扪心一句话：奋力拼搏过，人生无悔。摘北宋传奇状元宰相吕蒙正流传了1000多年的《寒窑赋》句：马有千里之程，无骑不能自往；人有冲天之志，非运不能自通。与同学们共勉！

2018 年 5 月 28 日

02.
我的土木年华

5178105 洪新民

我的土木年华实际是从 1975 年开始的。那一年我高中毕业，因为父母早逝，我属于特殊困难生，因此不必上山下乡，但一时没工作，成了"待业青年"。然而，在家待业又如何养活自己呢？

9 月份，我偶然看到邻居在干木工活儿，便自告奋勇给他帮忙打杂。他看我手脚勤快，眼里有活儿，便收留了我。于是我跟着他每天去客户家做木工，学得了一些基本的木工技能，进步很快。但好景不长，才干了三个月，年底时我师傅有了正式工作，不再给私人做木工了。

当时有点傻眼了。怎么办？凭着三个月学到的木工手艺，我只好硬着头皮摸索着自己干。先是给亲朋好友做家具，在得到他们的肯定和表扬后，我有了信心，又为别的客户和建筑工地做一些木工活儿。就这样渐渐地干了起来，成为一名熟练的木工，一直干到上大学前。

1977 年末，国家恢复了高考制度，但按当时相关规定，我这种情况不能参加高考。1978 年放宽了这一限制，我才拿到准考证，有了进入考场的机会。

作为一个普通的平民子弟，我深知机会来之不易，也懵懂意识到高考是改变命运的难得机遇。接下来的几个月，我不分昼夜地复习备考，并终于如愿以偿被第一志愿—— 南京工学院工业与民用建筑专业录取。

收到入学通知书的情景至今仍历历在目，难以忘怀。当时，我正在建筑工地干活，工头跑来告诉我，他在办公室看到了我的录取通知书。那一刻我激动的心情无法形容，面对人生的转折，遥想未来的新生活，在接下来两三天里我夜不能寐，经历了人生中第一次"幸福"的失眠……

南工学习　奠定基础

1978 年的 10 月 13 日，是我终生难忘的日子。我们这些来自祖国四面八方的学子，被时代大潮和命运牵引着相聚于南京工学院（今更名东南大学）土木工程系工业与民用建筑专业，从此开始了新的人生。

因为"文革"十年高校没有正常招生，所以恢复高考后，最初的 77、78 两级学生可谓多年人才的大汇聚，录取率很低，能得到东南大学这样名校的学习机会，称得上百里挑一。我们实在算得上是时代幸运儿。尤其是我，由于父母双亡，没有经济来源，还享受了学校给予的最高全额助学金，使我能够顺利地完成学业。

正因为机会来之不易，我们人人怀揣梦想，肩负期望。那时的校园里，学习风气浓郁，充满了积极向上、努力拼搏的正能量。当时的作息时间是早上 6：00 起床，晨练。上午、下午，直至晚上 22：30，全部排满学习课程，每天学习时间都在 12—15 小时，且没有周末休息。但对我而言，并不觉得辛苦，所有同学和我一样只有一个心愿：努力学习，不负厚望。

四年时光没有虚度，在老师们的悉心指导和自身的勤奋努力下，我们获得了土木建筑的系统知识，也培养了积极向上、勤奋努力的人生观、价值观，为今后的工作打下了坚实的专业基础，为人生航船的起锚做好了较为充分的准备。回眸人生，这四年的大学时光，为我们奠定了一生的知识基础，让我们结识了许多来自五湖四海的朋友，是一生最难忘的青春时光。

毕业后，我被分配到中国矿业大学建筑系工业与民用建筑专业工作。1985 年，我幸运地考上第二批出国留德研究生，于

1986 年赴德国留学深造。

德国 HOCHTIEF 建筑公司工作 20 载

在德国，我开始新的四年学习。期间，恰逢 1989 年东德西德合并。合并后的德国大兴土木建设，需要大批土木建筑人才。1991 年初，我有幸获得机会进入德国（HOCHTIEF）建筑公司工作。

我所进入的分公司是一支非常出色的团队，可以说是土木建筑的"梦之队"，在这里工作令我受益良多。在老板带领下，团队齐心协力，工作业绩显著。十年间，分公司老板升为总公司总裁。总公司的产值在十年里翻了 40 倍，使德国 HOCHTIEF 公司成为世界上最大的国际建筑品牌公司，2003—2010 年在世界最强 250 家国际建筑公司（World TOP 250 International Constructors）评比中连续七年排名世界第一。

在德国 HOCHTIEF 公司与团队同事一起工作 20 多年的日子里，经历了风风雨雨，积攒了宝贵的经验，学到了很多实践知识，贡献了自己的力量。

参与德国高铁实验测试中心项目

1995 年，HOCHTIEF 公司获得了建造西门子公司高速铁路测试实验中心的项目，这是一个为世界各地高铁提供检测的中心。当时，高铁是世界各国都需要的发展项目。尤其中国，国家铁路交通运输能力严重不足，每到春运更加严峻，急需快速发展这一技术。看到这个项目建设计划，我特别兴奋，主动要求参与这一项目工程。在一期工程中，我被任命为工程团队负责人之一。两年后，又被公司提升为该项目第三、第四期工程的总负责人。几年时间里，我们把该高铁测试中心建成了当时世界上最先进的高铁测试中心。

高铁测试中心的建设过程中，正好是中国高铁的起步阶段，中德在高铁技术领域的合作得到高度重视。德国相关部门帮助中国高铁技术检测，有着十多年合作，解决了一系列高铁建设的技术问题。2009年以来，中国高铁的建设进入加速度时期，并得到快速发展，与这一时期的合作基础分不开。

图：德国西门子第三代高铁，1999年德国西门子高铁检测实验中心完全建成。

母校培养　受益一生

能参与这些重大项目，并顺利完成任务。需要多方面的素质，首先要身体好。繁重的工作强度需要好的体魄，在南京工学院读书时养成的每天锻炼的好习惯，让我的身体素质保持优良状态，在公司工作的20多年里没有请过一次病假。

其次是勤奋。最让德国人佩服的是，不管是工作日还是周末，只要工作需要，我们经常加班加点，从不计较。而这种优良的工作作风，正是来自当年在母校学习期间养成的刻苦努力的好习惯。事实上，在公司的工作强度大约只是在大学所花时间的一半。于我而言，公司的工作实在是一种享受。由于我的带头作用，我们整个项目团队成员态度积极，合作愉快，始终保持着良好的工作热情。我所负责的工程建设项目速度快，工期可靠。我们的团队也被德国同事赞为公司的"秘密武器"。

再次，就是业务能力强。负责这样的项目，需要具备高度技术及经济分析问题和解决问题的能力，而在南京工学院的学习也为我打下了坚实基础。我的大学毕业论文题目是《建筑技术经济的分析》，钱昆润、杜训两位导师的系统性指导使我受益匪浅。在德国留学时，我主攻的也是建筑技术经济管理，所以每当承接工程项目，我对整个实施工程的计划思路总是比较系统周全，明显高于同行的竞争对手。在遇到问题时，就如当年单炳梓老师指导的解题方法一样，善于多种方法比较，深入浅出，化繁为简，去粗取精，获得最优化的方法。

比如，高速列车的平稳运行不仅对车辆本身有着极高的质量要求，还取决于路面轨道的平滑程度。要确保列车高速平稳地行驶，对轨道高低误差的要求非常之高。铁轨地基一旦发生沉降，就很难保证铁轨的水平精度。于是，我们采取了桥梁结构的方式，技术上便于使用接点调节方法，只需进行微调就可以保证轨道的水平程度，而且现场施工也得到大大简化。从技术经济角度分析，虽然架设桥梁的第一次建筑成本比地面直接铺设要高，但质量保证、后期效果远远高于铺设地面地基。而且，如果将桥梁预制件在工厂批量生产，并形成生产、运输、建筑安装一条龙，建造成本就会大大降低，且有效提升建设速度，进而达到技术经济的最优化，即高质量,低成本。现今中国高铁多采用的就是架桥的方法。

情系桑梓　不忘初心

虽然身处异国他乡，但从未忘记故国家乡，总是希望能为之做些事情。

2011 年，中国新能源产品在欧洲寻找推广渠道，寻求与具备德国土木工程经验的工程师合作，以便将土木工程的一系列建筑技术、经济、管理经验应用于清洁能源的开发领域。我辞去了HOCHTIEF 公司的工作，成立了自己的清洁能源建筑公司。一方面积极推广中国的清洁能源的产品（光伏太阳能），另一方面参与到为改变雾霾"保护环境、还我蓝天"的建筑队伍里。

2015 年，公司向国内有关部门申请了利用光伏建筑工程扶贫的项目。贫困地区土地广袤，阳光充足，荒地量大。只要土木与光伏结合，就可以在大片荒地上建造太阳能光伏电站，不仅可以提供至少20年的清洁能源产出，保护自然环境，也能为当地贫困人口带来就业机会和稳定收入。在山西、陕西等贫困地区以及矿山采煤地面塌陷区，我们进行了实地考察，为其提供技术咨询，帮助申请资金，进行建设方案设计，协助建设、运行维护和管理光伏太阳能电站，积极参与了当地的光伏扶贫工程。

虽已步入退休之龄，但人生的脚步并不会因此停止，我仍希望今后能为建筑环保节能、环境生态的持续发展付诸努力，做些力所能及的事情。伴随社会发展，大量基本建设也带来环境的污染，建筑物作为耗能大户是今后必须努力改变的问题。希望清洁能源结合储存技术，能更为广泛地应用于工业与民用建筑筑，如道路、铁路、工业厂房、办公楼（玻璃）、民宅（瓦）上，使建筑物本身既美观，又能自身生产能源，无须外部能源供给，这样将极大缓解污染，使环境得到保护。我相信，中国未来的工业民用建筑与节能环保的清洁能源，能够携手共同推进这一绿色产业发展。

比起上一代，我们称得上幸运，因为赶上了好时代。40年前，命运让我们与土木工程结缘，开始了我们的土木年华。时代的转折，使我们既成为世界大发展的建设者，也是重要的见证者。曾经有过的艰难困苦，也让我们更加珍惜幸福。

四十韶华，转瞬即逝，回眸人生足迹，没有虚掷光阴是令我最欣慰的事。如今我们已至耳顺之年，今后的时光应倍加珍惜，保持健康的身体，享受美好的生活。

2018年5月31日

03.
感恩在母校获得的正能量

5178110 李庆元

随着高考制度的恢复，1978 年 10 月，我得以和同学们一起有幸踏进这令人向往的大学校园，开始了四年的大学生活。

我们的同学中，大多是从社会上考上来的，也有极少数应届生中的佼佼者。入校前，我在家乡江苏吴县镇湖中学当了将近三年的民办教师，当我走进这美丽而又典雅、积淀了丰厚又久远的科学和文化底蕴的大学殿堂时，我和同学们一样，既有喜悦，也有压力，更多的是求知若渴的振奋。

自入学至今已经过去整整 40 年了，许多往事已经模糊或淡忘，但每当回忆起在母校学习时的情景，仍然浮想联翩，感慨万千，有些事情印象深刻。

那是个迎来科学春天的年代，入学后大学校园里同学们孜孜以求的学习风气是令人难以忘怀的，同学们的学习热情空前高涨，对自己的要求都十分严格，校园的每个地方都是读书学习的场所。那时的教室不是很宽裕，在包括晚上和节假日在内的自习时间经常会找不到自习的地方，教室里都是认真学习的同学，为了能保证有个自习的场所，大家不得已要用备用书包占座位，唯恐找不到能专心学习的地方。至今我还会经常想起和同学们一起在五四楼、五五楼、东南院、中山院、前工院、南高院等处专心学习的情景。记忆极为深刻的是到处寻找和反复地钻研课内课外的高等数学、材料力学和结构力学等的习题，知难而上，和同学们探讨如何攻克难题，这在当时成了一种风气，一种乐趣。每天的时间都安排得紧紧的，早上晨练、晨读，晚上也是自习和锻炼，几乎天天如此。有的学霸还在晚上教室熄灯以后去寻找还有灯光的地方继续学习，精神真是难能可贵！除了节假日有时在大礼堂会看看电影以外，好些同学甚至有较长的时间不去一趟新街口等闹市区，一心扑在学习上，人人都勤奋攻读、刻苦上进。这种浓郁的学习风气是十分难能可贵的，这种氛围、风气和追求上进的精神，和所学到的知识一样，能影响我们的一生，是我们一生的财富。

同样觉得难以忘怀的是这里聚集了一大批博学多才、爱岗敬业、治学严谨、教学有方、诲人不倦的优秀教授、讲师，还有一批充满工作热情、关爱学生、平易近人的学习辅导员。我们的任课老师中，有的幽默生动、深入浅出，有的潜移默化、春风化雨，有的循循善诱、层次分明、重点突出，有的提纲挈领、居高临下、简明扼要，各有风格，各有特点，离校至今时常能想起他们的音容笑貌。

记忆犹新的是负责我们毕业设计的童启明老师，在带领我们做毕业设计的时间里，我们深深地被他渊博的学识、严谨笃实的治学态度、清晰的教学理论和为人师表的品格所折服。

老师们止于至善的治学精神和品格是学校的宝贵财富，是我们学生的骄傲，更是树立在我们心中永远的丰碑，是人生的正能量，指导着我们的人生旅程。

毕业以后，我主要是在土木建筑相关企业工作，担任过企业的领导职务，既从事过企业的经营管理，也负责和管理过工程项目的具体实施，做过国外承包工程，也做过国内的房地产开发项目，虽无惊天动地的伟业，但在平常的工作中也能感到欣慰。例如，有些项目由于种种原因，在我接手时处于极端不利的情况，但通过我所带领的团队艰苦努力，踏实工作，终能扭转局面，转败为胜，仍然取得了较为圆满的结果。这些虽是微不足道，但也值得深深地感恩，感恩母校，感恩老师，感恩同学，感恩邓公给了这样的时代！

附小诗四首：

感怀

文昌成贤四春秋，寒窗苦读未曾休。

惜别母校踏征程，策马扬鞭闯九州。

恰逢邓公改开业，莫使汗水付东流。

虽非将相也非侯，聊慰辛勤果实收。

致室友

相约今秋再聚首，鹏维提议要书就。

同室好友更念及，正兴伟业总带头。

成平苏锡善经营，奈何晓强已仙游。

宁坤闽赣绩优股，丽华建邺有天佑。

注1：同室八人，郭正兴、林卫宁、陈亚平、杜强、朱贵成、李庆元、何晓林、常坤。

注2：王丽华为我们同一学习小组成员。

寄语同学

难忘当年四牌楼，青春年少不言愁。

精英学谊台城在，留得思念伴梦游。

不负良辰别兰园，华夏南北显身手。

莫问大师与仕商，相逢畅怀一杯酒！

怀念母校

最忆母校六朝松，苦读亦从容。每每梦醒梦断，题海似蛟龙。学无涯，书无穷，心潮涌。仿佛回到，此间少年，再舞春风。

2018年6月19日

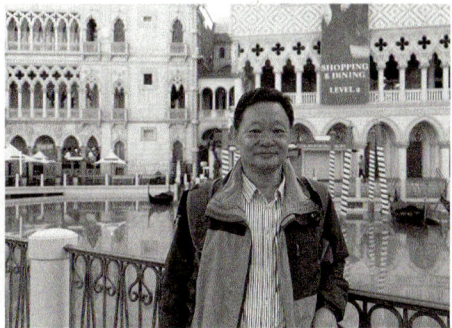

04.
不经历风雨怎能见彩虹

5178112 郭正兴

因为习惯早起，早上 6：45 匆匆忙忙从家驾车奔到东南大学九龙湖校区。坐在办公室，看了一下大学同学群回忆当年高考经历的微信，我也想写一段我的高考前后经历的故事。

我上的中学是老家的江苏省启东中学，今天也算是名校，但在当年我们是不需要考试入学的，都是就近入学。从 1966 年小学三年级开始"文革"，几乎没咋学文化基础课。记得初中时，学的是工业基础知识和农业基础知识，在工业基础知识中讲述少量的物理和化学知识，数学知识也是很浅的科普知识。倒是农业基础知识印象很深，讲的是水稻的栽培和三麦的分蘖。一个重要的社会活动是"备战、备荒为人民"，初中全班同学和泥巴做土坯砖，晾干后送到砖窑厂烧砖头，再用来砌筑战壕和防空洞。好不容易进高中了，学习文化又回潮得到一点点重视，突然间，张铁生交白卷的"我的一张大字报"抨击高考，重新把学习数、理、化的积极性跌回到零。然后是学校组织学生出卷子，学生上讲台。那时，我作为高二学生也上了一回讲台当小老师，呵呵，学生教学生嘛。

高中一毕业，我们这些城镇户口的高中毕业生必须"上山下乡"了，当时的口号是："我们也有一双手，不在城里吃闲饭。"1974年 8 月 3 日，我们一批刚满 18 周岁的高中应届毕业生坐在彩旗飘飘和敲锣打鼓的卡车上，直奔紧邻上海崇明岛长征农场的江苏启东五七农场插队了。回想在农场两年半的知青生涯，有苦也有乐。当年，在农场二大队我是当知青生产队的队长的，领导了 18

16

个知青，承担了36亩地的农活。夏天要开"早战"，清晨4点半我要先起床，然后大喊"开工啦"，于是带领知青们踩着露水，采摘蚕豆荚。夏天农忙时，割麦子是一个苦活，手腕部位全部被麦芒扎得通红的。到了冬天，我们知青队也参加围垦大堤的挖泥挑担工作，也参加赤脚下沟的挖淤泥积肥工作，要知道当淤泥面结着薄冰，赤脚踩下去钻心疼啊。当年引以为豪的是我是农场知青中刷标语的第一高手，爬在"五七"农场大礼堂的红色平瓦斜屋面上，用石灰水刷写黑体字"农业学大寨"，每个字大概有40平方米，几里地以外都能见到。在农场的日子里，站在广袤的田野上，遥望着青纱帐，心里老是有点不甘，难道我就真的在这片土壤上铁心务农一辈子？其实在农场第二年，知青有参军的机会，可我是近视眼，条件不够啊。又有1976年初推荐工农兵上大学的机会，当时我插队的二大队有两个推荐名额，我想积极报名参加考试，但当时的大队党支部王文栋书记告知我：小郭，我知道你的文化考试不会差，但县里宣传部和教育局有领导打招呼了，名额有指定推荐人，你没有机会，你可以留下来当大队党支部副书记。当天晚上，我一个人行走在田埂上，整整溜达了大半夜，郁闷啊，欲哭无泪。又过了大半年，托邓小平的福，我们知青有招工进城的机会啦，当时我们大队知青有4个推荐名额，我因为劳动表现好，被全体生产队的老农推荐招工了，1977年春天进了启东供电局的发电厂当工人。

1977年10月我们获得了恢复高考的消息，那时我在厂里当描图员，决定要报名参加高考。记得1977年的高考是先参加南通地区考试的，我参加了启东中学针对往届高中毕业生举办的高考复习班。当时真的是人山人海，两栋教室间的小广场上，坐满了人，聆听老师上补习课。记得最清楚的是数学中的和差化积和积化和差没学过，几何学也是很糟糕，都需要恶补。在南通地区考试后，与几个高中同学对比考试题的解答，感觉希望不大，瘫坐在家里的藤椅里，浑身发软，我母亲见我垂头丧气的，安慰了我，我几乎放弃高考了。等到南通地区考试成绩下来，结果我考得不错，可以参加省考，这时，我慌不择路又重新复习。参加省考中，我估计数学考得最差，好多没学习过，题型没见过，无从下手，但其他课程还可以，并参加了体检，最后因为我不愿报师范和大专，而未被录取。在 1977 年的高考失利后，我奋发努力，再战高考，记得当时在发电厂，人家下班后在打扑克牌，我一个人坐在灯下苦苦复习。那时，每天下班后一个人骑车去启东中学上晚上的高考复习班，因为心中有个上大学的梦，再苦再累也心甘。填报高考志愿时，江苏省的《新华日报》上有学校和专业名，而我们这些工厂里长大的孩子，没人指点如何填写志愿。记得当时厂里政工科的一位同事说，南京工学院不错，设计房子的专业也是有前途的，于是，第一志愿我报了南京工学院的发电厂及电力系统专业，第二志愿才是工业与民用建筑专业。当时想报建筑设计的，但看到建筑学的专业时，心想这是搞研究的，我想搞设计，于是就填了工业与民用建筑专业。等到拿到录取通知书时，才知道工业与民用建筑专业在土木系，建筑学在建筑系，当时是实实在在的菜鸟。

2018 年 5 月 17 日我坐在去北京的早出晚归的京沪高铁上，望着窗外一晃而过的田野，真的是体会到了光阴荏苒，日月如梭。利用些许闲暇，再码一段本次大学同学相见 40 年的命题作文，仿佛又回到了当年的高考语文考试的场景。看来，由于工作的关系，我的与工程无关的文学写作能力急剧衰退了，但也要背水一战，呵呵。

话题之一：啊，我们的 5178

回想我们 1978 年 10 月进大学时，真的是激动啊。记得 9 月拿到大学录取通知书时，我正在江苏启东发电厂出宣传黑板报，画孙悟空手拿金箍棒，匹配的标题是"可上九天揽月，可下五洋捉鳖"。打开同事交给我的录取通知书一看，是工业与民用建筑专业，属南京工学院土木工程系，我有点蒙圈了，因为我报考南京工学院的第一志愿是发电厂及电力系统专业，第二志愿才是工业与民用建筑专业，更不知道工业与民用建筑专业是在土木工程系中。看来这就是命啊，冥冥之中与造房子有缘。

记得当年从启东到南京是坐长途汽车的，从早上6点半出发，下午5点钟左右到达中央门车站。到了南京四牌楼南京工学院报到时一看，我们5178级两个班的同学真的是"五彩缤纷"啊。特色之一是年龄最大差距一半，最大的来自南京航道局的胡琴克同学整30岁，最小的来自盐城的成小竹同学15周岁，令人诧异。特色之二是文化程度差异，有的是老三届老牌高中毕业生，有的是经历了"文革"时期的高中毕业生，更为叫绝的是还有初中毕业生，如当了八年矿工的陈亚平同学、当过纺织女工的欧阳晓芒同学。特色之三是有带薪上大学的，按照政策规定，当年上大学时，只要有正式工作五年的经历，可以带薪上学，因此，记得陈亚平同学、欧阳晓芒同学、费庆华同学、方恬同学和齐中健同学均带薪的，而我差10个月未满工作5年，不能带薪上学成为憾事。

经历了"文革"，恢复高考，十年汇聚了各类矢志上进的同学从天南海北汇聚到南京工学院这块土地上，真的是意气风发，踌躇满志。

话题之二：我们曾经努力过

严格来说，我们5178级同学虽然经过拼搏，拿到了进大学教堂学习深造的敲门砖，但由于经历了"文革"，系统的文化基础学习和基本功是不扎实的。因此，在进入大学开始学习后，在老大哥和老大姐们的示范带动下，开始了发奋学习，恶补基本功，当时实在是心里发虚，都在捏紧拳头，时不我待，心中怒吼:拼搏，再拼搏! 可以说今天我们能够立足于国内土木工程界，能够底气十足和得心应手地从事土木工程相关的各类工作，这一切都是大学 4 年努力学习换来的。

摘几个片絮，说明当年的努力程度。片絮之一是进大学时大学英语课本是从 ABCD 和国际音标开始学习的，英语虽然作为当时考大学的一门课，但不计入录取分数，我们全班同学的英语都很差，只能从基础开始学习。也有例外，方恬同学在上大学前在工厂工作时一直是跟着广播电台自学英语，是基本功最好的。令人吃惊的是在大学二年下半学期开始我们的材料力学课程竟然采用全英文原版教材，是 Popov 教授所著的《*Mechanics of Materials*》，由关来泰教授授课，教学方式为说的以中文为主，夹杂广东式英语口语，黑板上书写的是英文，作业必须用英文写。呵呵，真的是压力山大啊。在今天看来是太疯狂了，简直是填鸭式教育，但我们咬紧牙关跟上，也夯实了我们的专业英语功底。片絮之二是学习的自觉性，我们一进校学习高等数学时，为了夯实解题能力，大家不约而同地发飙开始做樊映川教授主编的《高等数学习题集》，甚至做到了每题均做，草稿纸用了一本又一本。还不过瘾，自动加压，选做季米多维奇的《高等数学习题集》，真是非常的年代，不一般的学子啊。片絮之三是晚自习带蜡烛和押书包抢座位。当时晚上停电还是时有发生的，因此，在我们的军用书包中蜡烛是必备用品。当晚自习时间遇到停电时，教室里亮起多支蜡烛，成为一道美丽的风景线。为了保证有不错的自习位置，在教室中用书包占位是家常便饭，特别是考试期间，更是一座难求，有时早上 6 点前起床去占座位，再去晨跑。

话题之三：英雄不问出处，但愿快乐健康每一天

我们 5178 级的同学们年龄差异大，老同志已退休几年了，即使是当年的小鲜肉，不久也将步入退休年龄，女同学几乎都退休了。我在东南大学从教 30 多年，聊以自慰的是培养了一批批莘莘学子，参与了一些有影响的重大工程项目，感受了创造是快乐的真谛。从南京禄口机场航站楼出发乘飞机时想到了曾参与该二期工程的建设；从南京南站坐高铁时想到了曾参与过主站房的建设；经过南京长江二桥、三桥、四桥和润扬大桥、苏通大桥时，想起了曾参与过斜拉桥和悬索桥的建设；走到南京河西奥体中心和江苏大剧院时，又想起了参与这些工程项目建设的日子。过往历历在目，难以忘怀。前一段时间，东南大学组织教师观看纪录片《厉害了，我的国》，我看到了气势恢宏的"天眼"（500 米直径 FAST 射电望远镜工程）的报道，想起了与国家天文台首席射电天文学家南仁东教授合作建造巨型球面射电望远镜发射面索网的那些日子，在贵州平塘大窝凼里多次探索最优的施工安装方法。

再过三年，我也将退休了。前几年得了糖尿病，体重一下降到了 20 年前水平，同学们中也有得此病的，对比常坤同学在微信群中发的当年参加土木工程系运动会时我的 400 米中跑成绩是第一名，56 秒多一些，那时候血气方刚啊。而现在真的感受到了岁月不饶人，老虎也有打盹的时候。我们这一辈人总体是幸运的，赶上了一个伟大的时代，亲历了中国的大发展，读大学改变了人生和命运，读土木工程专业获得了建造房屋的技能，有了手艺，成为工匠。

往事如烟，一晃就是 40 年，那时我们都很青涩，今天已经白发上头，脸上饱经风霜了。正值大学本科同学相识 40 周年之际，留下的感慨是：英雄不问出处，但愿快乐健康每一天。

2018 年 5 月 29 日
于东南大学九龙湖校区

05.
我的高考

5178113 朱贵成

我参加了 1978 年夏天的高考。

高考前的一天下午，烈日当空，树上的蝉声不断，田里的玉米长得绿油油的，热浪扑面。我坐在小哥骑的自行车后面，在乡村小道上前行了二十多里地，来到江苏省盘湾中学考点。盘湾中学坐落在小镇西头，仅有几排一层坡屋面的房屋，有些树木花草，操场的跑道用细煤渣铺成，南北西有点点农宅和大片农田。我住进学校的宿舍，房内有十几张比较粗糙的木制上下床。按通知自带了席子、蚊帐、饭盒、米和书包，参加高考的人还不少，男女老少，参差不齐，年龄大的有三十多岁，小的十七八岁，年龄相差十多岁也有。

晚上天气闷热，屋内灯光昏暗，蚊子嗡嗡作响，乱飞乱舞，用手快速捞一把，兴许能抓到几只蚊子呢。没法看书，一时又没法入睡，就到屋外水龙头处洗把脸擦个身。明月高悬，凉风微起，散步解烦，悠然想起了 1977 年夏天的高考事，心想考得还不错，接通知去县医院做了体检，但到 1978 年春暖花开时，左盼右盼，终没有收到入学通知书，是考试成绩不达标？是体检指标不达标？还是有其他小问题？没有信息反馈，结果不得而知，当时的心情有点失望，有点苦闷。而现在要振作精神，坚定信心，重新开始，奋力拼搏。为了明后三天的迎战，催促自己还是早点去睡觉。

考了三天，科目是数学、物理、化学、语文、政治、英语，其中英语是不计总分的。一天一天过，一门一门考。早晚各吃一碗粥和一个馒头，还有萝卜干子。中餐是自己饭盒蒸的米饭，在食堂买一个蔬菜、一个小荤菜。当时整体生活水平不高，而我家经济困难，习惯了，就这样简单过着。三天考下来，总的感觉是考得还算顺手，但考物理时，给我留下了深深的烙印。记得那天下午考物理，前面的题目都做了，还有最后一道题（含有 5 道小题，每题 5 分，计 25 分）没做，一看时间还有 25 分钟，心里有点急躁，天气又闷热，头上的汗珠直冒。忽然天阴沉下来，乌云从远及近，一场雷阵雨即将到来，几声闷雷，几道闪电划过，学校南面的一家农宅是茅草屋，突遇雷击起火了，但很快被接下来的大雨浇灭。一阵风把考场教室的木窗给吹开了，一股凉意帮我提了神，头脑清醒了，我用毛巾擦了一下脸，内心平静了下来，突然来了灵感，再次阅读题目。大概记得是长度为 L（已知）的金属导线（mg 已知）从 A 点沿着光滑的斜坡切割磁力线向下滑到底部 B 点，A 点到 B 点的垂直高度已知，磁场强度 B 已知。考虑下来，心想这是一道电磁学、力学、能量守恒定律的综合性题目，建立方程式，一步接着一步解答，五道小题迎刃而解，响钟之前把考卷交给监考老师。高考结束传来成绩表，得知 100 分的物理试卷，我考了 80 多分。据说，相差一分要相差一千多个考生呢，真是分分贵重啊！我非常感谢伟人邓小平，给了我参加高考的机会，也要感谢美好的命运之神，恩惠于我。

填报学校志愿书时，我首选南京工学院土木工程系工业与民用建筑专业，年轻时不懂又没人指导，纯粹是一个因素叫我这样填。1975 年 7 月高中毕业后回家务农，有时也曾跟会泥瓦匠的插队知青去给老乡造房子，有点工钱，又有肉和饭吃，每天一包烟，心想这个营生可以过日子。（我是 1969 年 12 月 14 日随全家从苏州市下放到苏北射阳县长荡公社北坍大队第六生产队，12 岁的我继续读书，小学、初中、高中毕业。所以会跟插队知青来往。）

高考总算结束了，小哥来接我回家。全家人问我考得怎么样，我说还可以吧，蛮顺手的，特别是考物理有点惊心动魄。母亲特地烧了几个菜，一家人其乐融融，晚饭吃得香喷喷的。1978年9月，我收到南京工学院的入学通知书，打开一看，就是我填的土木工程系工业与民用建筑专业，满心欢喜，热泪盈眶。去母校报到的路上又来到了长江边，这是我九年后第二次看到长江，第一次是1969年12月14日随全家下放苏北农村时，路过长江。现在再次面对长江，江面宽宽的，江水黄黄的，滚滚向东流去，我也心潮澎湃，思绪万千，想着未来，充满希望。

南京工学院（现在的东南大学）是个非常好的高等学府，四年的深造，受益巨大，打下了牢固的基础。锻炼了身体，学到了知识，最最重要的是老师教导我们怎样做一个完整的真人。1982年8月我回到故乡苏州市参加工作。40年过去了，真是弹指一挥间，有很多美好的记忆。我为单位、社会做了一些事情，搞过建筑设计、施工管理、房地产开发建设、重点工程建设、城市规划、政府工作、城市管理、学校建设、党务工作等等，取得了一点成绩，没有虚度年华，问心无愧，现在我为是母校的学子而感到骄傲和自豪。

附上拙笔诗一首：

> 伟人圣明作决策，
> 千万学子赴高考。
> 母校寄来入学信，
> 心情豪迈泪沾襟。
> 寒窗四年奠基础，
> 回到故乡忙工作。
> 美好记忆四十年，
> 添砖加瓦未虚度。

2018年5月1日

毕业后我的主要工作简历及主要成果：

1982.8—1985.5　我在苏州市城市建设开发总公司工作。参加了苏州彩香新村、南环新村、苏安新村的开发建设。随着一大批住宅楼的建成，缓解了当时苏州的住房紧缺状况，也提高了居民的居住条件。

1985.5—1990.8　在苏州市城市建设开发总公司设计室搞建筑结构设计，设计过商业大厦、办公楼、厂房、住宅楼等。同时我的专业技能有了提高。

1990.9—1991.10　被调到苏州市城市建设开发总公司二工区担任主任，开发建设三元三村住宅小区。

1991.10—1992.12　在苏州高新区管委会直属的苏州新创建设发展有限公司担任副总经理，负责生产管理，建设一大批住宅小区和工业园区。

1993.1—1994.7　在苏州高新区重点工程部担任指挥，组织建设苏州高新区管委会办公大楼、金狮大厦（商业办公综合大楼）、中国人民银行苏州分行大楼、苏州高新区东吴证券大楼。当时苏州高新区刚刚起步，还是农村状况，这些大楼的建成，起到很好的引领作用，可属亮点。

1994.8—1999.10　担任苏州高新区第一任城市规划局局长，组织完成了苏州高新区52平方公里的总体规划和控制性详细规划，审批大批金融楼、办公楼、商业楼、住宅小区、工业厂房、学校、公建配套项目等等。

1999.10—2003.1　担任苏州高新区枫桥镇镇长。在政治、经济、文化、环境、社会事业等方面，做了大量而艰巨的工作，建成大批动迁安置房，完成旧城镇改造、山区景观整理改造等，特别在维护社会稳定、提高老百姓生活水平方面，倾注了大量精力。

2003.1—2005.5　担任苏州高新区第一任城市管理局局长。

加强城市管理，改善城市环境，提高城市市容市貌整洁美观水平，注重总结经验教训，特别是加强自身队伍建设，提高技术装备，为建立全区域长效管理的联动的规章制度和措施打下良好的基础。

2005.5—2006.10　担任苏州高新区东渚分区党工委书记。为苏州科技城初步崛起，做了一些工作。

2006.10—2015.4　担任苏州高新区教育文体局党委书记。负责党务工作和全区学校建设。由于本人的经历，具备一定的专业知识和经验。兴趣来了，也受校长之托，亲自动手规划设计了东渚中学、学府中学、第四中学、镇湖小学的草图，从总体布局、单体平面功能、校园景观设想，都画了草稿，对内外装修的用材和色彩以及细节都提供书面意见，设计单位也采纳了。对第一初中、实验小学、实验高中、科技城高中以及一些幼儿园的总体布局、单体平面功能、景观设计都做了很多有益的修改，对内外装修的要求、校园绿化景观以及细节要求，都以书面意见交给设计单位，从而缩短了设计周期，加快了学校建设周期。这些中小学校、幼儿园的建成，缓解了苏州高新区教育资源的紧缺，也得到了社会各界的好评。我问心无愧地为苏州高新区的教育事业做出了自己的一点贡献。

2015.4—2018.3　我退居二线，今年 4 月正式退休，欢度晚年。

2018 年 5 月 5 日

06.
可爱的女同学

5178113 朱贵成

我有个可爱的女同学叫王丽华。

她是南京人，身高约 1.65 米，身材苗条，五官端正，瓜子脸，额头饱满，弯弯的眉毛，鼻梁挺拔，樱桃小嘴，摇摆着两条辫子，特别是一双美丽的大眼睛不时发出灿烂的光芒。夏天季节，她身穿印花的连衫裙，撑着一把花伞，走在校园中轴线、有两旁梧桐树冠形成拱圈的路上，婀娜多姿，绝对是一道极美而靓丽的风景线。别以为她瘦弱、纤细，可筋骨好着呢，劲头可足了。系里举办的运动会，在绿茵场上，她跑步如飞；跳高时，矫健的步伐一冲就轻盈地飘过栏杆，成绩名列前茅；还代表校队参加过省学生运动会，也有奖牌获得。她聪明好学，认真听课，习题字体端正秀气，主动向老师请教问题，考试成绩优秀。她平时一口南京官话，说话直率又响亮，字正腔圆，团结同学，关心同学，乐于帮助有困难的同学，富有爱心，有一颗善良的心。她还是文艺积极分子，记得在圆顶造型的大礼堂（学校标志性建筑）舞台上，和常坤男同学合作的少数民族双人舞，饰服艳丽，灯光绚丽，音乐优美，布景漂亮，舞步轻盈，故事情节感人，两人如同在仙境中自由自在地飞翔，台下的观众都被深深感染，内心激荡，流下了幸福的眼泪。真是集德、智、体、美于一身，这样的女同学，难道不可爱吗？！

听说她毕业后分配到南京新街口一家银行工作，银行职业一直被人尊敬和羡慕，想必收入不菲，后又嫁了一个高富帅的先生。家底殷实，生活富裕，家庭幸福，精神世界愉悦。在微信群里她所发的全家外出旅游晒出来的美照，幸福满满地写在每人脸上，她好福气，已成为奶奶。在微信上看到她很幸福，同学们也替她高兴。人生旅途中能遇到一位年轻时漂亮、年长时优雅的男、女同学，也是一个人的一种缘分，更是一种福分。平时我会想起可爱的同学们。

大学一毕业，同学之间不大联系，也难得聚会。记得到了分别20年后即2002年夏天，同学们才在母校聚会；后在2007年夏天，同学又在母校聚会；2012年夏天在北京同学聚会，我因故不能参加。真是久久不见久久见，久久见过还想见。

2017年5月1日在上海举办大学毕业三十五周年同学聚会，我也有幸参加。刚跨入酒店大厅大门，就听到爽朗的笑声，虽说我已有十年没有参加同学聚会，但一听就知道是这位可爱的女同学的声音。真叫尚未见美人，就听美人声。虽说青春挡不住岁月的折磨，但王丽华同学仍然年轻，身材保持得很好，生动活泼，神采奕奕，风韵犹存，有魅力有气场，一些男同学主动要同她合影，希望留下人生中美好的记忆。可以想象，如果没有王丽华同学参加的同学聚会，将会单调、呆板、不热闹。同学聚会是一件开心、幸福的事情，大家谈笑风生，欢声笑语，互叙友情，互致问候，互忆往事，合影留念，大碗喝酒，大块吃肉，热热闹闹，其乐融融。在上海、南通举办的同学聚会活动办得很好，很成功。

现在我们都是老头老太了，难得的聚会，实属珍贵，没有特别的原因，应该积极参加聚会，人生能有几次欢乐聚会啊？有人说一个人心胸坦荡、豁达，精神上每天愉快，会延年益寿。我以为，参加同学聚会，会有利于身体健康。

今年春上，郭正兴班长、周鹏维书记号召在今年金秋十月中旬在母校举行入学四十周年纪念暨同学聚会活动，现在已是5月下旬，开心的幸福的同学聚会将很快到来。到那时，蓦然回首，那人却在灯火阑珊处，可爱的同学们！可爱的女同学！

2018年5月25日

07.
赴日本短暂访问的一点感想

5178113 朱贵成

我们一行五人赴日本作短暂友好访问。2015 年 1 月 29 日下午天气寒冷，雨夹雪。在上海浦东机场搭乘东航 MU517 航班，12:30 起飞，于日本时间 3:00 到达日本福冈，然后转乘新干线于 4:30 达到熊本市，住进日航大酒店。

第二天拜访熊本市政府，洽谈共推两地在城乡建设、交通旅游、文化教育等多领域合作事项；又拜访熊本市议会，协商政协、议会间推动两地友好交流合作事项。顺便参观考察熊本旧城改造项目。

熊本市坐落在山坳中，群山环抱，城中小山上是熊本古代市府，经过改造，气势雄伟，矗立在小山坡上，成为熊本市新地标。护城河约 15 米宽，河水清澈，河边整行的樱花树含苞待放，古树参天，草坪宽阔，远处云雾绕山。城墙用整块黑色大石头垒砌，带有陡峭的坡度，高约 10 米。坡顶有建筑物，布置箭孔，防御强大。修缮的楼台亭阁高高矗立，盖上斜坡大屋顶。从图片上看，修缮工作很细致，有规划设计，有专家论证，从平面、立面、结构、节点、构造到饰面、材料、颜色等等，都做了详细研究，施工组织也很到位，这个古建修缮成为日本人民的勤劳杰作。我们在保护和修缮具有历史文化价值的古建时，要学习借鉴。我想这种建筑风格是从古代中国学来的。中国古代的城市大都有护城河和城墙，尤以西安、北京、南京为代表。中国的万里长城举世闻名，是中国人民的伟大杰作。在冷兵器时代，护城河和城墙具有很强的防御效果。据说唐朝鼎盛期，有约 9 000 人的日本遣唐使，来中国学习深造，把中国唐朝很多的优秀文化、技能等学去，并发扬光大。像农业、建筑、造船、文字等等都带有古代中国的痕迹。如现在日本庙宇建筑、农村民宅都是斜坡大屋顶；日本语也是从汉语启发中创造形成的，日语中有很多汉字，意思是相同的，有的仅是读音不同罢了，像我不通日语的，有的也能明白意思。令今人为我们的祖先而骄傲。南京的古城墙是雄伟高大的，朱元璋未称帝时，听从朱升的建言：高筑墙、广积粮、缓称王，并努力实现之。高筑墙、广积粮，可以很好地防守，巩固根据地；缓称王，可以隐藏锋芒，少树敌，减少攻击。后来朱元璋抓住机会，在鄱阳湖一战中击败陈友谅，后又击败张士诚，乘胜北伐，奠胜北方，完成统一，建立了大明王朝。秦国灭了六国，统一中国，把原来的城墙扩建和修缮，连成万里长城，以防止匈奴的侵犯。但1937年7月7日日本发动侵华战争，南京城墙以及万里长城没有挡住日本侵略，国破家亡，遍地狼烟，妻离子散，死人无数。日本军国主义的暴行，罪恶深重，令人记忆犹新，我们千万不能忘记国耻。中国共产党和国民党合作，领导全国军民抗击日本军国主义，在国际反法西斯阵营的帮助下，终于打败了日本军国主义，取得了抗日战争的伟大胜利，真是来之不易。城墙的坚固固然重要，但弱国必被挨打，这也是历史事实。只有国家的综合实力不断增强，百姓富裕，国家强大，全国上下一心，众志成城，这样的长城才是牢不可破的。当今我们要高度注视强权政治的阴影，极力消除重燃战火的危险，极力维护世界和平。

我们应该吸收、学习世界上一切优秀的文明成果。我想日本人民的文明举措就值得我们好好学习。初到一个新地方，我晚上睡眠不佳，早晨5点钟就醒了，洗漱完毕，喝茶看电视，7点钟到酒店周边兜了一大圈。看到街道整洁，没有一点垃圾，建筑物立面干干净净；马路上没有车在行驶时，学生仍等候绿灯亮了才过马路，很守交通规则；酒店服务员很有礼貌，满脸微笑，服务周到，给人温馨。1月31日中午到了东京，然后拜访早稻田大学，交流区域高中毕业生留学事宜，洽谈区、校产学研合作事项。东京是个美丽的世界级大都市，给我印象最深的还是市容市貌整洁。马路边没有垃圾桶，也不见垃圾；人行道上禁止吸烟，公共场所更是禁止吸烟，在极少数地方设置吸烟室，以满足吸烟者的需要；公共男女卫生间按大人、小孩和残疾人分别设置；马路上的汽车整洁，连混凝土搅拌车的外表也是干干净净的；人们自产的垃圾，自己包好，回去分放垃圾桶；听说分放垃圾桶和建筑物立面每月要清洗几次，这是规定，必须做到。正好赶上晴天，虽说天气有点冷，但东京是晴空万里，蓝天白云，空气新鲜，树木葱茏，河水清澈，高楼林立靓丽，很让人心旷神怡。记得在我儿时，苏州也是晴空万里，河水也是清澈的，城里的小河里常常可以见到不少鱼虾。但是现在工业化大发展，经济条件好了，而环境受到了破坏，看来必须加大环境整治力度，调整产业结构，并升级换代，加大生态文明建设，牢固树立青山绿水就是人类长期的巨大的财富这一理念。我想只要从我做起，人人做起，从娃娃抓起，加强宣传教育，加强立法，加强执法，加强监管，保洁到位，大家共同努力，真正重视环保工作，那么不久的苏州和各地的城乡会整洁，天会蓝，水会清，山更绿，空气更新鲜，乡愁特色会更浓，环境会更优美。美丽的中国梦终将会实现。

为了留念，拙笔写了这篇散文，并附上一首诗：

赴日有感

寒冬腊月雨雪天，

平生初次到东瀛。

五天南北走两城，

忙于拜访商合作。

山清水秀伴繁华，

街净道洁见蓝天。

文明举措应效行，

爱恨兼有是人情。

2015 年 3 月 4 日下午

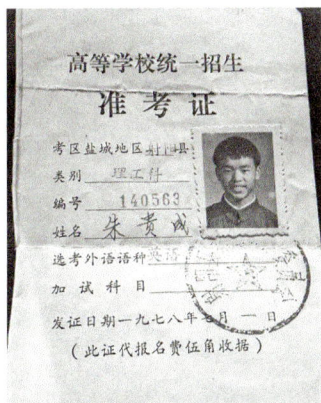

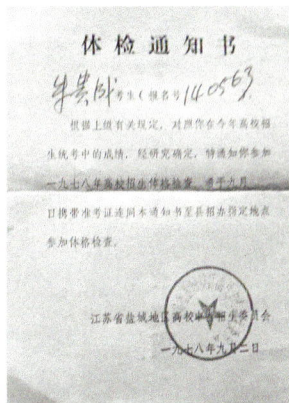

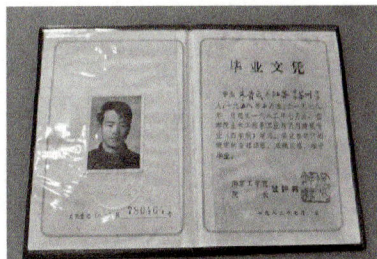

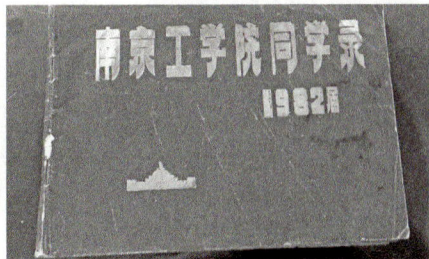

08.
牢记幸福的源泉

5178114 陈亚平

　　40年峥嵘岁月稠，回想往事如幕走。感谢邓小平的拨乱反正，才有了我们高考的机会，感谢母校的辛勤培育，才有了我们今天的高工、教授。不然今天的我将一事无成，也没有今天同学的缘分和相聚。在我们入校40年之际都不能忘记幸福的源泉，不忘过去，才能备感今天的幸福。我更是这样想的。祝老同学身体好，享受退休的快乐！

09.
墨浅纸短　情深意长
——40 年随想（1978—2018）

5178115 常坤

我们的大学，我们的芳华

望着发黄的高等院校新生入学通知书，把自己的思绪带回到了 1978 年的秋天。我是 1978 年 10 月 10 日在南昌火车站购买了 10 月 14 日的火车票（详见通知书南昌站三字图章，这是凭此通知书买学生票的证明），并于 10 月 15 日到达南京入校的。入学的新生们脸上都焕发着青春的光芒，内心都激荡着发奋读书、刻苦学习的激情。渴望知识，学好本领，成了最直接的动力。

学生们年龄相差悬殊，大多来自农村和知青。艰苦的生活，早已养成了不怕艰苦的习惯。每个人虽都以高分折桂，但真正具有完整高中水平的人却是少数。四年来，成贤街的先贤们注视着我们的艰辛刻苦，鸡鸣寺的晨钟暮鼓伴随着我们的晨诵与夜读，大礼堂内响彻着我们的欢歌与笑语，大操场体育馆留下了我们的汗水，玄武湖军训有我们夜行的脚步，实习工地脚手架上留下了我们踏实的足迹。课堂上，各位严师灰沾衣襟，笔耕黑板，声达四围，娓娓道来。同学们暗自较劲，互相帮助，力争上游。

四年的大学生活，又逢改革之初，风雷震荡，我们亲身参与了"实践是检验真理的唯一标准"的大讨论，也为对越反击战的捷报传来而激动，更共同喊出了 1981 年 11 月 16 日女排夺冠后"团结起来，振兴中华"的口号。四年的大学生活，无法一一道来，却又历历在目，现在细想下来，有这么几点感悟：

我们这批人对学习的刻苦程度达到了后人难以企及的高度。

我们这批人对国家对社会的关注和责任感强烈地发自内心。

我们这批人的三观（世界观、人生观、价值观）在这四年中确定和定形，充满了正能量和光明向上的内涵。

我们这批人对传统与创新、继承与改革是承上启下的一代。

我们这批人是改革开放、振兴中华的中坚力量。

我们最懂得感恩：感恩改革开放给我们带来的生命转机。

我们最懂得感谢：感谢母校及严师、亲友给我们的教育和人生成长的指导。

我们最懂得感动：同学间相互扶持、相互激励、相互友爱的真情实谊是我们一辈子最大的财富。

大学四年，青春飞扬，芳华灿烂。

36 年风雨历程，不负家国不负君

我大学毕业后，分配至江西南昌，36 年的工作是一个成长锻炼的过程（但还未到写回忆录的时候）。经历了改革开放，见证了中国逐步强大的全过程。从事过 5 年的大学教师工作，从事过 15 年的设计、技术和管理工作，从事过近 20 年的投资及房地产工作。36 年来，为人子，为人夫，为人父，始终不忘母校及严师的教导，始终坚持人生的准则及正确的三观。脚踏实地，勤思敏行，流汗出力，添砖加瓦。有过鲜花与掌声，也有过挫折与失败，始终坚持努力，不畏艰苦，为建设家国贡献自己的力量。

人生下半场，人生新目标

我于 1957 年 12 月出生，人生已过 60，我的同学们，也接近此阶段。我们这个年龄懂得：真、假、美、丑。成功与失败，愉悦与苦痛都化作了深刻理解。该做什么，不该做什么，都懂了。60 年的人心就是大海，它能包容一切，它有自己的深沉，真正懂得了生命的意义。60 年的人是能"放得下"的人，放下焦虑、权力名利，放下恩怨，活得快乐。如果人生就是一场长达百年的马拉松，60 年只是走到一半，另一半，人生的下半场才真正开始。

新时代，新目标（2050年实现伟大的中华复兴），也是我们每一个人的下一个人生目标。我们还有教育后代、传承文明与知识、维护社会正气的责任。虽然我们都是平凡的人，但我们这一代注定是不平凡的一代。

让我们相约，保重身体，健康生活，常在群里冒泡，实现人生新目标。

2018年5月30日

附诗一首：

秋阳折桂入金陵，
志高意远少年心。
四载苦读犹不足，
六朝松下向远行。
踏歌仗剑闯天涯，
不负家国不负君。
莫道人生别芳华，
初心不改万丈情。

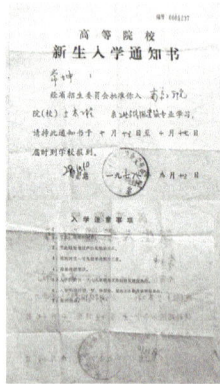

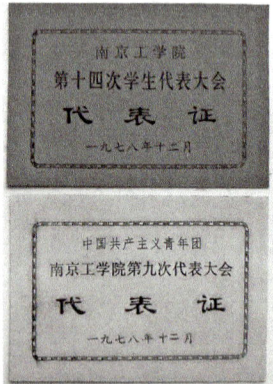

78

81.7

78

38

10

回顾入学 40 年

——我的母校南京工学院

5178117 潘明

1977 年 9 月，在改革开放总设计师邓小平同志的决策下，中国历史翻开了重要的一页。经过十年"文革"的中国决定恢复中断十年的高考，这一划时代的伟大决策，彻底改变了当时中国数以百万名年轻人的命运，我也是其中之一。作为一名插队 3 年多的知青，1978 年 7 月，我踏进了高考考场，参加了决定我一生命运的高考。幸运的是，我通过了，并且收到了南京工学院的录取通知书。这一切就像五光十色的梦境，可它不是梦，是实实在在的现实。接下来是大摆谢师宴，整理行装，和亲友告别。我从苏北的一个小镇，坐上开往南京的长途汽车，来到国家重点学府南京工学院。我真心感谢邓小平同志，感谢改革开放的伟大决策，感谢党和伟大的祖国，使我能够作为同时代的佼佼者，走进通往科学的殿堂，去实现我们这一代年轻人的人生梦想。

4 年匆匆而过，毕业后我被分配到北京电子工业部第十设计研究院，成为一名技术员，经过 5 年的工作，升任工程师。1985 年结婚，1987 年有了独生女。1992 年，我被选送到电子工业部规划司从事技术管理工作，我从主任科员，升任到助理调研员，再到副处长、高级工程师，1996 年获得部级优秀公务员称号，1997 年获得部级文明职工称号。1997 年我和电子工业部第十设计研究院结构专家王墨根合著《砖石结构规程》一书。1997 年底被电子工业部人事司选派到电子科技大学攻读在职硕士研究生，2000 年获得硕士学位。

2000 年 6 月我离开信息产业部机关，来到中国电子信息产业集团有限公司所属中国电子为华实业发展有限公司任副总经理（副司局级），2005年任中国电子科技开发有限公司总经理，2014年任中国电子信息产业集团控股有限公司党委副书记、纪委书记，2016年任上海浦东软件园投资有限公司董事副总经理，2017年任泉州易华录投资有限公司董事长，2018年任中国电子企业协会城市数据库专家咨询委员会秘书长等职。

回顾入学40年，真是弹指一挥间。我在学术上没有什么成就，在仕途上没有什么成绩，做企业方面也没有真正的成功，已走完了大半生，可以说碌碌无为，毫无建树，真是愧对江东父老。但是，我还是兢兢业业地对待我的每一份工作，从来没有怨言，没有挑三拣四，任劳任怨，埋头苦干。虽然没有什么成绩，也没有犯过大错，一路走来，平淡无奇，也无大过。到现在，虽然还没有正式从一线退下来，但是已经办理了退休手续，基本上可以说是平稳着陆。人生和飞机出航一样，不管你飞得多么高，多么远，平稳着陆最关键，也是人生最大的目标。我的职业生涯即将画上句号，我一直抱着敬畏之心面对这一切，真心感谢母校和老师对我的教诲和哺育，感谢我亲爱的同学们的关怀和鼓励，感谢老班长模范带头身教重于言教的激励，感谢在我每一次工作变动和工作上遇到困难时对我帮助的领导和同事，使我走过平凡人生的不平凡的四十年，感恩你们，也感恩我的家人，感恩党，感恩祖国。

记得我们班最小的是1963年出生，今年55岁，也逐渐进入退休年龄。希望在未来的人生里，咱们同学之间加强联系，互相鼓励，充实退休后的生活。也希望我的每一位同学，身体健康，心情愉快，家庭幸福，万事如意。如果可能，老有所思，老有所为，活出精彩的退休生活，不辜负历史赋予我们这一代人的光荣使命。

2018年6月5日

11.
人生的引路人

5178119 孟少平

1978 年 10 月 16 日，我从泰州的一个农村小镇独自来到南京工学院报到后，40 年就没有离开东南大学。同学们写了很多感人的故事，回忆了大学 4 年中印象深刻的老师，我想写点什么呢？除了给我们上过课的老师外，为东南大学土木工程学院今天的地位做出贡献的老师很多，由于工作的关系，相对班上其他的同学我与他们接触较多，他们的言传身教使我不断成长为一名合格的高校教师，使我受益良多。我在专业方面的每一点进步，无一不由这些老师在背后做支撑。下面就写几位对我影响较大的老师，他们有的仍然健在，但大多数都已仙逝。

我与混凝土结构结缘应该与袁必果和童启明两位老师有关，他们在教学中常常提到混凝土结构是工程结构中最主要的结构体系，混凝土结构的基本理论有许多问题没有解决，与力学不同，所学的混凝土结构计算方法只能代表当时对混凝土结构的认识和现有科研成果总结。在课后答疑中，袁老师和童老师经常会讲哪些问题值得探讨，并鼓励我继续攻读混凝土结构方向的硕士研究生。1982 年能在混凝土结构方向指导研究生的只有徐百川教授和丁大钧教授，因为那时校刊上经常报导丁大钧教授的科研攻关事迹，所以我下定决心报考丁先生的研究生。

1982 年的最后一学期，是毕业设计和毕业论文阶段，我与张涛、童心刚好分在由蓝宗建和蒋永生两位老师指导做毕业论文的小组，当时蓝老师和蒋老师是丁先生的主要科研助手。那时南京工学院就重视科研水平的提升，把教师分成两条线。蓝老师在科研线上，他一直以丁先生为榜样，所有能利用的时间都放在科研工作上，坚持将近 30 年。蓝老师代表南京工学院作为混凝土结构设计规范编制组的主要成员，把东南大学在混凝土结构方向的最新研究成果反映在规范中。在毕业论文阶段，蓝老师对学生要求严格，给我们制订了详细的论文工作计划，实验过程不允许错过每一个实验现象和丢掉每一个数据。他治学严谨，对我的毕业论文逐句修改，连标点符号是否合适也不放过。在蓝老师的悉心指导下，我的大学毕业论文获得了 77 级和 78 级全国优秀大学生论文，并收入全国工科优秀大学生论文集中。

1982 年 6 月，我有幸通过研究生入学考试，录取在混凝土结构方向攻读硕士研究生。当时报考徐先生的考生中没有合格的，而报考丁先生的三名合格考生中，我是唯一的南京工学院的应届毕业生。土木工程系里为了平衡各学科方向的发展，建议我转到徐先生门下，我无条件服从组织的决定，从此我与预应力混凝土结构结下了不解之缘。尽管不在丁先生名下攻读研究生，但丁先生一直关心我的成长与进步，尽他之力创造条件让我们这些年轻教师向国际化方向发展。

徐百川先生在 1930 年代从美国研究生毕业后回国，同行们一直认为他是中国混凝土及预应力混凝土结构的奠基人。徐先生出版了第一本《混凝土结构学》和第一本《混凝土结构设计》中文著作，影响很大。1949 年后他一直担任南京工学院土木系主任，受教育部的委托，主持编制了教育部工业与民用建筑专业教学计划。在南京工学院他成立了国内最早的预应力研究室，在他的努力下，1964 年主持建成当时国内最先进的结构实验室。为南京工学院土木工程学科的发展创造了条件。1980 年后他担任土木工程系名誉系主任，南京工学院学报编辑委员会主任，在学校有很高的学术地位，为东大土木的发展做出重要贡献。

　　东南大学土木工程学科跨越式的发展离不开丁大钧教授和蒋永生教授的贡献。我与蒋永生老师相识较早，他的性格豁达、大气而谦和，既是我尊敬的老师又是我忘年的朋友。蒋老师尽管已离开我们十年，但他的音容笑貌常常浮现在我的脑海中。

　　1982 年 3 月，我的大学本科毕业论文正是蓝宗建老师和蒋永生老师指导的。当时蒋老师担任结构实验室主任，论文试验工作主要在结构实验室进行，在实验和论文写作过程中，蒋老师言传身教，引导我如何做人做学问。特别是他知道我已被录取为硕士研究生后，要求更加严格。在相处的过程中，他主动把自己如何做研究的经验传授给我。下面主要说说丁先生和蒋老师早年在推动南京工学院土木工程学科国际化方面所做的几件事情。

丁大钧教授是国内公认的学术底蕴深厚、成果丰硕的学术大师。丁先生和蒋老师在1980年代就强烈意识到南京工学院的土木学科不仅要在国内处于领先地位，而且应扩大在国际学术界的影响，获得国际同行认可的应有学术地位。

改革开放后，丁先生和蒋老师认为南京工学院土木工程课程的设置应体现邓小平最早提出的"三个面向"的精神。在南京工学院土木工程学科，最早形成了以丁大钧教授主导，以蒋永生、吕志涛和蓝宗建等老师具体实施的国际化战略，采取"走出去、请进来"的办法，花少的钱、办更大事的策略，达到南京工学院土木工程学科在国际学术界和工程界的地位重要提升目的。

国际交流与合作离不开英语，1980年代初，高校教师的英文水平相对较差。蒋永生、吕志涛和蓝宗建三位老师承担了为丁大钧教授走出去参加国际学术会议准备材料的工作，他们夜以继日，争分夺秒，想尽各种办法来提高自身英文水平。蒋永生老师更是将土木专业词汇做成了几百张卡片，利用早上4点半去菜场排队买菜的等候时间随时翻阅。

记得蒋老师曾跟我说过，英语学习很重要，但语言学习重在沟通和实践，从小学到大学英语，仅仅作为知识学习，而不是作为语言来应用的，没有实践应用的语言学习，无异于缘木求鱼。他们3人将结构研究所的几十份研究报告提炼后，译成英文装订成册，供丁先生带到国际会议上与同行交流，论文翻译中力争语言规范，用词准确。

丁大钧先生学问造诣精深，沟通能力超强，蒋老师等为他出国准备的材料又充分，每次丁先生的国际学术报告都有很强的吸引力，总会引起国际学术同行的浓厚兴趣，他们对南京工学院在混凝土及预应力混凝土结构基础理论和应用研究成果赞誉有加。丁先生的国际化视野和强烈的创新意识，加上很强的国际学术活动能力，使他每参加一次国际会议就会结交一大批国际朋友。1982年后的十年间，数百家国外学术单位主动要求与南京工学院土木工程学科交换学术研究资料，更多国际著名学者有访问南京工学院的强烈愿望。在丁先生的努力下，当时混凝土结构研究和应用方面两个重要的国际学术组织"CEB"和"FIP"免费向南京工学院赠送每期最新学术报告和文集，使南京工学院土木工程学科能及时把握混凝土结构和预应力混凝土结构的国际研究前沿，推动了结构工程学科发展。

从1982年开始到1995年，几十位在混凝土及预应力混凝土结构研究领域前沿的国外学术大师和学术组织领导人到东南大学访问讲学和交流。美国爱德华·奈维教授一直将南京工学院聘他为名誉教授作为他获得的重要荣誉，并把这一荣誉放在他出版著作的封面上。

1984年9月，应丁大钧教授邀请，丹麦科技大学布赖斯楚普（M.W.Brastrup）博士来南京工学院系统讲授钢筋混凝土塑性极限理论，国内混凝土结构方向主要的研究人员云集南京工学院。由于当时听课人员外语水平普遍不高，蒋永生老师主动承担了现场随译的任务。为了做好布赖斯楚普翻译接待工作，蒋老师在南京最热的7、8月两个月，利用暑假将布赖斯楚普的讲学材料反复阅读，对关键单词查找字典，不断请教外语系老师如何做到准确发音。记得那时蒋老师住在1970年代初建造的大板房的顶楼，没有空调，在书桌边翻译资料，浑身是汗。我去找他办事，站到他背后却没有被他发现。由于蒋老师的精心准备，布赖斯楚普的讲学非常成功。同济大学蒋大华先生竖起大拇指称赞他。

为了进一步扩大和推动南京工学院结构工程学科的建设，加深国际同行对南京工学院混凝土及预应力混凝土研究的了解，在学校支持下，1986年丁大钧教授在南京工学院组织召开混凝土结构基本理论及应用国际学术讨论会，这也是在南京工学院召开的第一个大型国际学术讨论会。出席会议的国内外学者有200多人，其中有来自20多个国家近100位外国学者，匈牙利结构工程学会（CEB）主席塔西（Tassi）教授专程来南京工学院参加了这次国际学术讨论会。

当时刚刚改革开放，没有办会经验，交通、通信、住宿等远没有现在的条件，举办大型国际会议遇到的问题很多，困难程度难以想象。蒋永生老师是这次会议组织委员会的秘书长，承担了组织这次重要会议的具体工作。蒋老师具有主动面对困难、调动各种积极因素的能力，他充分发挥年轻教师优势，让年轻教师在解决一个个具体问题中接受锻炼。由于蒋老师很强的协调能力和付出艰辛的努力，一个个困难迎刃而解，会议于1986年9月18日在南京工学院顺利召开。丁大钧先生做的会议主题报告集中了南京工学院土木工程学科各位老师完成的研究成果，得到了全体与会者的关注。

这次会议的成功举办，确立了南京工学院在混凝土和预应力混凝土结构研究的国际学术地位，所有年轻教师都在分组会议上做学术报告，接受了锻炼。蒋永生老师为此付出的汗水和心血无疑是很大的，国际预应力协会（FIP）副主席、匈牙利结构工程学会主席塔西对这次会议印象深刻，1991年在北京召开的FIP年会时，塔西教授专门给我讲了南京工学院会议的意义和重要性。

2000年前，学校办学资金少，外汇更为紧张。1985年起，南京工学院土木工程系就注重年轻教师到国外著名大学和研究机构访学交流和进修。与国际著名学者及国外研究机构交往的过程中，丁大钧先生和蒋永生老师主动为年轻教师找机会，创造条件，争取对方资助。1950 及 1960 年代这个年龄段的东南大学土木工程学科的老师几乎都有到国外学习、交流访问的经历，这是在国内高校为数不多的。我是其中受益者之一，1986—1987 年，由对方资助，我作为访问学者在葡萄牙土木工程国家实验室进行合作研究。

1980 年代，中国建筑总公司承担的国外施工项目逐年增加，国外项目部急需国际化的管理和技术人员。蒋永生老师主动抓住这个机遇，将施工技术和管理方向的年轻教师派往条件相对好、技术要求高的国外项目部。这批老师既在实践中得到锻炼，又熟悉国际工程承包的规则，回国后在相应学科开拓了新的领域。丁大钧教授和蒋永生老师的国际化理念，站在世界的高度上，将建设一流的师资队伍、建设一流的学科、培养一流的土木人才，确定为东南大学土木学科重要战略思维，制定学科发展的目标和规划，提升我校土木学科的国际影响力和竞争力。

东南大学土木学科今天的地位与吕志涛院士在国内外的学术地位和影响是分不开的，关于吕老师的学术成就的新闻报道较多，我这里只谈一点他作为高校教师在培养教育学生方面的做法。

敬重的导师吕志涛先生离开我们一年多了，很多时候，我并未意识到自己对导师的思念有多深。但这一年多时间内，他常常会出现在我的睡梦中，第二天内心好长时间都不能平静下来，似乎他就在眼前注视着我。

1981 年我在本科大四时第一次见到导师，1982 年 9 月拜到徐百川先生的门下攻读硕士研究生。与徐先生正式见面时，深感徐先生对吕老师的信任。他特地交代我这句话，研究生阶段的学习与科学研究主要听吕老师的。那时研究生数量很少，土木工程系的三个专业一年共招了 11 名研究生（包含土木工程学院、交通学院和材料学院），学校和系里对研究生教育也极为重视，研

究生与导师的联系非常紧密，我在研究生阶段的每一个环节吕老师都把关很严。那时的导师更多地像在为研究生"干活"，付出的时间和精力是今天的导师难以做到的。

在徐先生和吕老师精心指导下，1985 年 1 月，我顺利完成学业，留校任教。之后一直在导师团队工作，如今已 30 多年。我于 1996 年在职攻读吕老师的博士研究生，2000 年获得博士学位。

吕老师很爱自己的学生，在学生迷失方向时，他不像某些大学者那样，对学生的错误严加训斥，而是高瞻远瞩地帮你分析出错的原因，以建议的语气谈出自己的意见，让学生去感悟，给足学生面子。他的每一个学生在与他相处时都会有人格的尊严和力量。

吕老师一直认为，每个学生的个性不同，优势也不一样。他总是引导你向适合自己的方向发展，总能在你最需要时，站在你背后支持你。他令人茅塞顿开的指点，会使每个学生增加信心，在工作和研究中少走弯路。他总是在创造条件，抓住各种机会，为学生做铺垫，使学生在前进的路上走得更为顺利。

吕老师常常跟我说，每天8小时工作是出不了教授的，下班后和节假日的时间你是否利用起来决定了你今后人生的高度；8小时以外你是在办公室挥汗如雨，还是在牌桌上战斗、在饭局上喝酒吹牛，决定了你的未来。他常提醒我一个不主动给自己施压的人一定是没有未来的，应重视35岁、40岁和45岁这几个时间节点。有自己的短期和长期规划，通过独立思考，不断进取，敢为人先，舍得放弃业余时间的休闲，才会在专业领域达到别人信服的高度。

　　跟随吕老师30多年，感觉吕老师对我特别严厉，当面表扬我的话很少。与吕老师相处了36年，在他的学生中我应该是挨他批评最多的一个，心中常常感到委屈。但仔细思考一下，他真是高人。导师基于对我性格的了解，常担心我不能持之以恒地努力工作，学术上没有更高的目标追求。我们处在一个社会竞争非常激烈的时代，不少人都在奔跑，若你还在按部就班，朝九晚五，想要收获重要的研究成果和取得相应的学术地位几乎是不可能的。人生的每个关键节点，无一不是导师背后默默的支持和引导，我所取得的每一点成绩和进步无一不是导师花费的心血。在我前进的道路上，吕老师总在背后帮助我扫除一些障碍，为我的进步创造条件。下面说一个导师主动表扬我一次的小故事。

　　记得在2003年春天，江苏省委省政府在江苏省会议中心召开以可持续发展为主题的大型综合学术交流会，当时东南大学顾校长兼任江苏省科学技术协会主席。江苏省主要领导和江苏省大多数院士都出席了这次会议，我有幸作为江苏省土木建筑学会的代表参加了这次1 000多人的盛会。开幕式后，大会的第一个学术报告由世界工程师协会的主席所做。他报告的主题是"工程建设与环境保护问题"，报告后约有10分钟的提问讨论时间。

　　吕老师那时担任东南大学校学术委员会主席，也是这次会议学术委员会成员，他事先就请我校科技处的工作人员找到我，布置我要在主席专题报告后第一个提问，并强调提问时必须采用英文。他首先想到的是，顾校长身兼江苏省科学技术协会主席，在这次盛会上应显示东南大学的科技实力，必须由东南大学教授率先提问，第二可能也是给我创造机会吧。

会上集中精力认真听取了世界工程师协会主席的报告后，我当即向他提出了"在国家和地方工程建设中的环境保护是工程师的作用大还是政府官员的作用大"的问题，世界工程师协会主席很有兴趣地与我交流讨论了5分钟。也许是没有给东南大学丢脸吧，在会间休息时，导师主动表扬我一次。

吕老师精妙的思维方式、高尚的人格魅力、鲜明的特色个性、真挚的情感意识，使我得到全面的熏陶，终身受益。

除了上面提到的老师外，杨宗放教授吃苦耐劳、真实肯干，他为东南大学预应力学科的发展和施工技术走在国内高校的前列做出了重要贡献。我在东南大学学习工作40年，得到了许多老师的支持和帮助，不能一一纪实，从内心真诚感谢他们这些人生的引路人。尽管在东南大学40年没有做出什么突出的成绩，但可以向老师和同学们汇报我尽了高校教师应尽的责任。

12.
我与抗震事业的不解之缘

5178120 狄载君

写在前面：

拜读了其他同学的大作，许多高考故事和过往经历，款款浓情，娓娓道来，数不尽的文采飞扬、诗情画意，竟让我惶惶然觉得是不是上了个假的工科大学，都不敢提笔了！欣见周鹏维同学提醒"土木年华"的范围可以是高考往事、大学生活、从业至今等等，那我就斗胆把毕业后的主要工作经历做个回顾，权当命题作业上交吧。汗颜！

正文：

1982年秋我从南京工学院（现东南大学）土木工程系（五系）工业与民用建筑专业（简称5178）毕业，分配至当时国家建筑材料工业局苏州混凝土水泥制品研究所三所（结构所）工作。当年冬天就被抽借到总局在北京管庄的设计院，参加建造北京紫竹院宾馆钢盒子大楼项目的设计、施工。该项目是我国最早引进的整体装配式工程项目，楼高8层，每个单元房间都用数个钢框架的盒子拼装组成。就连卫生间内全套洁具都组装在一个整体钢盒子里，在现场整体吊装拼接，节点用高强螺栓连接安装。在项目完成后，首次与工程抗震结缘，承接了总局下达的"装配式钢结构节点抗震性能试验研究"项目。苏州所很快就引进了500吨长柱压力机（当时国内仅有的两台之一），开展项目的试验研究。之后还参加了保温隔热复合砌体结构的抗震性能试验研究、连接节点、内外砌体冷桥处理和协同抗震性能试验等科研项目。数年间参加了上海红旗水泥厂和青海水泥厂改扩建工程、深圳太阳管道集团公司为香港供水而生产的最大直径2.2米的钢板复合水泥管工艺生产线厂区建设等多个大型工业项目以及 50 余项民用及高层建筑项目的结构设计工作。

1985 年春,对《建筑抗震设计规范》（1989 版）的修编正式启动,我第二次与工程抗震结缘,有幸参加规范修编工作组在扬州举行的第一次会议以及之后的西安、北京等会议,直到《建筑抗震设计规范》（1989 版）出台。之后的各版修订、修编都有幸参加研讨。

在这里,请容许我吊个书袋子:

在 1974 年之前,我国建筑设计在抗震方面主要参考苏联的相关规定,虽然在 1959 年和 1964 年曾两次编制《地震区建筑抗震设计规范》（草案）,但均未正式颁布,直到 1974 年正式颁布第一本工程抗震设计规范是 TJ 11—1974《工业与民用建筑抗震设计规范》（试行）。

以下是从 1959 年以来我国主要抗震设计规范编制和颁布的大事记:

1959 年,《地震区建筑抗震设计规范》（草案）,未颁布。

1964 年,《地震区建筑抗震设计规范》（草案）,未颁布。

1974 年,TJ 11—1974《工业与民用建筑抗震设计规范》（试行）（简称《74 规范》, TJ—土建）。

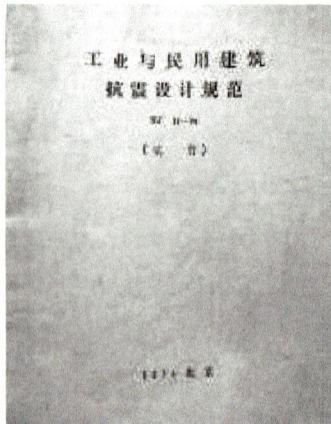

1978 年，TJ 11—1978《工业与民用建筑抗震设计规范》（简称《78 规范》，主要因 1976 年唐山大地震而修订）。

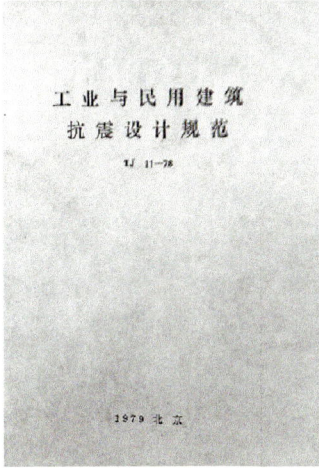

1989 年，GBJ 11—1989《建筑抗震设计规范》（简称《89规范》，GB—国标，J—建设），1990 年开始实施，并于 1993 年作局部修订。

2001 年, GB 50011—2001《建筑抗震设计规范》(简称《2001规范》)。

2008 年 "5·12" 汶川地震后做了局部修订, 成为 GB 50011—2001《建筑抗震设计规范》(2008 年版)。

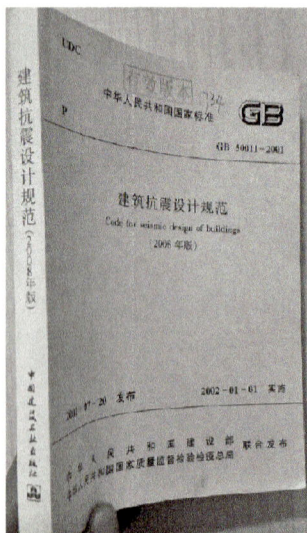

2010 年，GB 50011—2010《建筑抗震设计规范》（简称《2010规范》）。

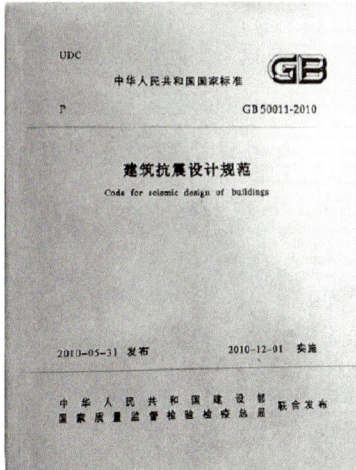

2016 年进行了重大修订，成为 GB 50011—2010《建筑抗震设计规范》（2016 年版），为目前通行国标。

我再度与抗震事业结缘是 1990 年 2 月 10 日起，一直延续至今。苏州辖区的常熟和太仓交界处的姚镇附近（北纬 31°41′，东经 121°03′）发生了 5.1 级地震，我被抽调参加工作组去当地进行震害调查。紧接着，参加了首轮《苏州市城市抗震防灾规划（1992—2000）》编制，主要是进行对既有建筑现状排查、分类以及震害评估和风险预测工作，这也是全国首批试点编制城市抗震防灾规划的城市之一。直到 1994 年 10 月 28 日苏州市人民政府批复实施该规划。

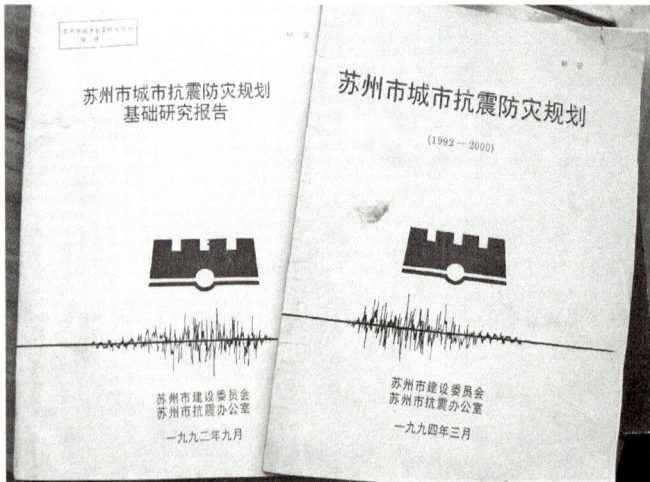

1995 年底，调入"苏州市抗震办公室"工作，历任高级工程师、副主任、主任。

其中 2002—2006 年间，组建"苏州市建设工程设计施工图审查中心"，并兼任主任。

1996 年起，在全国率先开展对各类房屋建筑的抗震设防设计审查工作。1997 年 5 月邀请了刘志刚、徐培福、王亚勇、戴国莹、容柏生等全国抗震领域的著名专家，对苏州商品交易所（结构高度 179.5 米）大楼进行超限高层建筑抗震设防审查。以后陆续组

织并参加了包括东方之门（结构高度 278 米）、九龙仓苏州国际
金融中心（结构高度 450 米）、苏州中南中心（结构高度 729 米）
等近百栋超限高层建筑的抗震设防设计审查工作，并形成一整套
审查管理流程，被建设部抗震办公室称为"苏州模式"。

2007 年 5 月，作为项目负责人组织编制《苏州市城市抗震防
灾规划（2007—2020）》，直至 2009 年 6 月 4 日经苏州市人民政
府批复实施。

2008年5月12日14时28分04秒，位于四川省阿坝藏族羌族自治州汶川县映秀镇与漩口镇交界处（北纬31.01度，东经103.42度）发生里氏震级8.0级大地震，震中附近地区地震烈度达11度，震惊中外。"5·12"汶川大地震共造成69 227人遇难，374 643人受伤，17 923人失踪，直接经济损失8 452.15亿元，是中华人民共和国成立以来破坏力最大的地震，也是继唐山大地震后伤亡最严重的一次地震。我第一时间跟随江苏省建设厅组织的专家队伍进入震区，抗震救灾，并进行震害现场评估和震害调查，收集了大量地震灾害现场的第一手资料，短时间内撰写了多篇研究报告。

2008年6月初，有幸接受仇保兴副部长邀请，作为演讲嘉宾从灾区直接赶赴河北廊坊参加6月20日召开的"2008首届城市发展与规划国际论坛"，并在首届国际论坛新设的"城市灾后重建与减灾防灾论坛"上，做了题为"'5·12'汶川地震剖析及避灾疏散场所规划编制要点"的演讲。

2013年国务院法制办公室、住房和城乡建设部启动编制《建设工程抗震管理条例》，作为指导我国从事建设工程抗震管理工作的最高法规，我有幸被遴选为国务院法制办公室立法咨询专家成员，参与法规的调研和起草，苏州抗震管理工作的许多程序和成功经验被采纳。目前已形成报审稿，待全国人民代表大会相关专业委员会审批。

时光如梭，白驹过隙。我从1968年随父母上山下乡到阜宁农村插队落户，生活很艰苦，是个农民，农活样样都干过，在农村生活十个年头，直到1977年恢复高考制度。感谢党的政策，感谢邓小平！自1978年考取了南京工学院与各位同学相识结缘，转眼间40年过去了。我从一个农民到学子，毕业后分配到工作岗位，从基层工程技术人员做起，从事过建设工程抗震科研和设计，标准规范编制，工程建设抗震管理，城市抗震防灾规划编制，海绵城市、韧性城市以及未来城市综合防灾体系的研究和直到参与法规起草等，一路走来，与我国的工程抗震结下了不解之缘。

2003年起被聘请任江苏省建筑工程抗震设防审查专家委员会委员；2005年起被聘请任江苏省建设工程系列高级职称评审专家；2008年起被中华人民共和国建设部聘请任全国城市抗震防灾规划审查委员会委员，是38位委员中唯一来自基层一线的工程抗震技术人员。

2009年参加编写《江苏省超限高层建筑抗震设防审查工程实录》一书，2010年出版。

2012年起被中华人民共和国住房和城乡建设部聘请任全国城市抗震防灾规划审查委员会委员。

2017年10月，我退休啦！回顾30多年来的主要工作经历，有些许感慨，我把我的职业生涯都奉献给了我国的工程抗震事业，无怨无悔！我也许是我们"5178"唯一一直从事这项事业的同学吧。感谢母校的培养和"止于至善"校训的指引；感谢所有教过我们的老师和为我们服务过的教职员工！感谢在我的工作中给予我支持、帮助和协助的领导、同事和朋友们！更要感谢组织本次活动的至亲同学们，让我获得一次回顾职业生涯的机会。谢谢！谢谢大家！

2018年5月写于苏州

13.
入学 40 周年聚会有感

5178121 张栋

七五知青下农村，
七八高考入东大。
八二工作去盐城，
一六告老返东台。
文革耽误废学业，
耕读专业实不易。
社会学堂更精彩，
终生学习始有益。

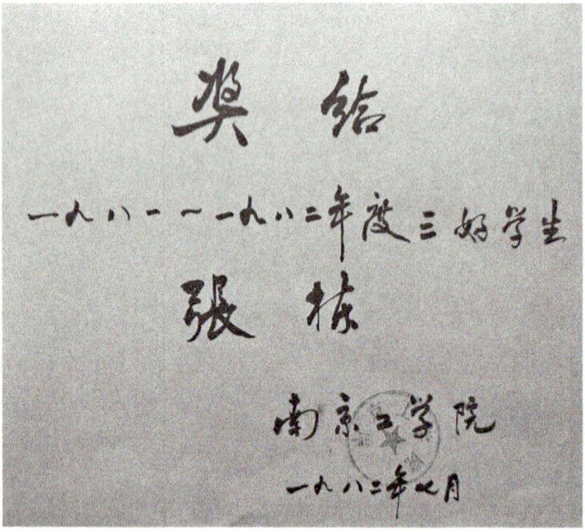
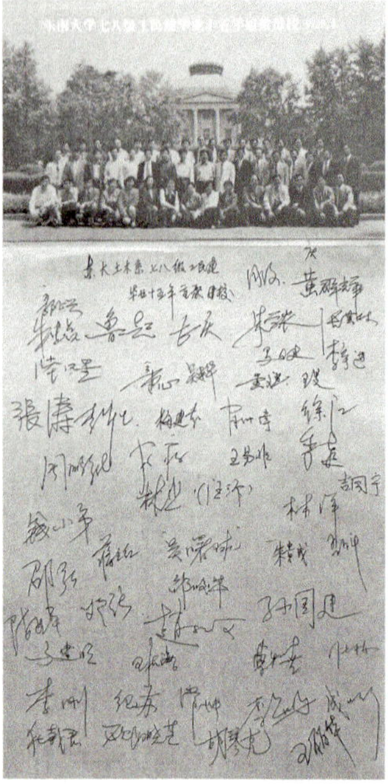
奖给

一九八一—一九八二年度三好学生

張栋

南京工学院

一九八二年七月

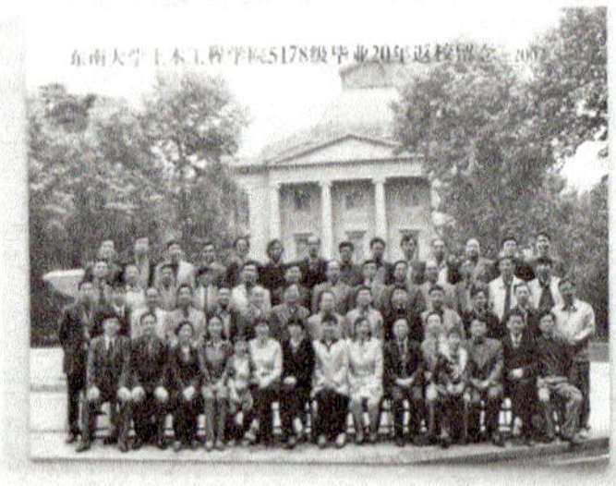

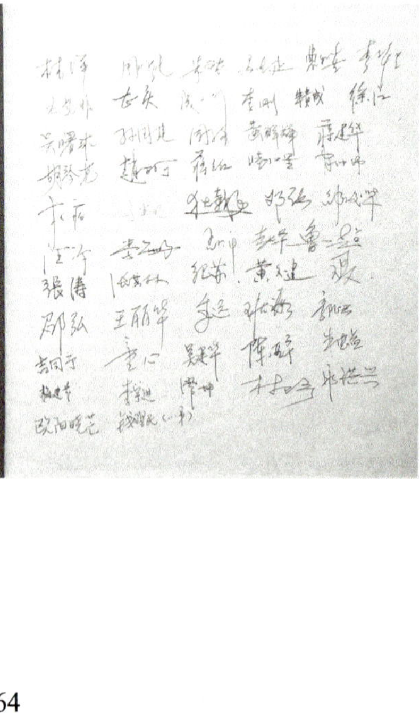

14.
无悔的人生
——我的高考故事

5178122 方恬

"文革"前13年经历

我 1953 年出生在苏州一个知识分子家庭，弟兄 5 人，我排行老三。父亲早年毕业于中央大学工学院农田水利工程专业，他曾在南京、武汉长江水利委员会做水利工程技术工作，后调任河南省水利厅勘察设计院总工程师。我母亲早年任职小学教师，后来由于子女多、家务繁忙而不再工作，专门照料家庭。

由于全家随父亲工作单位的调动而多次搬迁，我曾在武汉、郑州读过小学。受家庭教育的影响，我从小就热爱学习，梦想以后成为一名像父亲那样的专业技术人员。小学读书期间，我每门功课都成绩优秀，从不需要家长操心，担任过班级学习委员。1966 年当我正准备复习参加小学升初中的毕业考试时，"文革"开始了，学校停课，学生放假。当时年幼不懂事，还天真地认为可以从紧张的学习中放松一下了，却没想到一场旷日持久的灾难开始了。整整 12 年，我们那一代人在学校接受正规教育的权利被无情地剥夺了。

上大学前的12年经历

在家待了 3 年多，尽管不在学校读书，但名义上仍从小学一直升到 9 年级。1969 年终于等来了复课，我在初中上了大约半年学，那时学校文化教育基本停顿，可以说中学应学的知识完全是一片空白。1969 年底由于战备疏散我母亲带我及两位弟弟回到老家苏州。刚回苏州的 1—2 个月，把苏州的各个园林都玩遍了。之后开始思考如何才能不虚度时光，我在新华书店找到了"文革"前上海出版的数理化自学丛书，尽管全套 17 本书已不能买全，但还是买到了一些书籍。由于没有老师可以请教，开始自学时遇到不少困难，但好在这套书适合自学，每章都有例题详解，书末有习题答案。经过 2 年多的自学，作业练习本写满了几十本，我把中学的数学（代数、平面几何、立体几何、三角、平面解析几何）、物理、化学课程基本上自学了一遍，后来还开始自学高等数学。

1971 年我父亲因病去世，我家的户口从郑州迁回了苏州。1972 年初我被分配到街道办的小工厂工作，具体做模具钳工、机修钳工等工作。在工厂工作的 6 年半时间里，我没有中断自学。除了自学与工作有关的知识，如：购买或借阅《机械制图》《机械零件》《机械原理》《钳工技术》《车工技术》《刨工技术》《模具钳工技术》《金属工艺学》《热处理工艺学》《刀具、刃具制造技术》等书籍自学外，还继续自学了樊映川编著的《高等数学》（上、下册），做完了相配套的习题集。

很长一段时间，尽管自学了很多数学知识，但连其中的 sin、tg、log 等数学符号该怎么读都不知道。当时录音机非常稀少，更没有现在非常普及的语音教材，所以总感到无法自学外语，很是遗憾。正好上海广播电台从 1972 年开始开播了外语讲座节目，给了我一个自学外语的机会。从那时起我一直坚持收听上海广播电台的英语讲座节目，从初级班的 A、B、C、D 开始学起，一直学到中级班、进修班课程，直到考上大学，没有中断过外语学习。同时还收听电台中的日语讲座节目，自学日语课程。其中一段时间，还收听过法语讲座，但由于一边要工作，一边要学习的课程太多，精力、时间实在不够，最后放弃了法语的自学。

在工厂中我做技术工种的工作。小工厂中没有技术员、工程师。一般的模具、不易购买到的刃具、刀具都是自己设计、画图、加工。机床出故障自己想办法维修。不会的就到苏州图书馆借书学习解决。几年时间内，我设计、加工、制作了各种冲压模具（含下料模具、弯折模具、拉伸模具、成型模具等）、浇铸模具、3毫米左旋丝攻、3毫米左旋板牙等刃具，成功地应用于乐器五金配件的加工生产。

为了能在工余时间完成各门自学课程的内容，我每天分秒必争，连午饭后的几分钟都要用来默写几个外语单词。其实当时自学各种文化知识，只是出于爱好，并没有奢想还有一天能有机会进入学校学习。记得区里曾举办过一个简易的短期技术夜校，晚上借用小学教室上课。老师在课堂上讲的是机械制图、机械零件等基础知识。尽管这些知识我都已自学过，尽管这并不是正规的学校教育，但每次上课我都会准时参加，因为我觉得，离开学校这么多年了，能重新进入教室学习，感觉真好。还记得，周日休息时曾到住所附近的江苏师范学院（即现在的苏州大学）校园里去玩，看到教室黑板上未擦掉的板书，从心底里羡慕那些正在大学学习的工农兵大学生。但在那个年代，"白卷英雄"能上大学，而真正想学习但没有门路的普通百姓却是没有资格上大学的。我无法理解为什么高玉宝曾在小说中描述过的"我要读书"的悲哀情节竟在这个时代又重演了。

1976年我母亲因病去世，一段时间家中陷入混乱状态。但很快我们学会了自己料理家务，买菜、做饭、洗衣、缝被子等等。虽然工作、料理家务要占用很多时间，但我利用工余时间的自学还是没有中断过。

1976年10月，四人帮被粉碎，"文革"终于结束了。1977年下半年，国家恢复高考制度。我参加了1977年的高考初试、复试，并参加了体检。按照分数当年我是应该被录取的，但由于当年体检环境比较混乱，我的体检被弄错了。直到1978年3—4

月间，听说可以查高考分数了，我才去区里查了分数，并知晓未被录取的原因是体检不合格，而不是成绩不够。但此时招生办连扩招录取通知书都已发出，来不及更正了，只好再次参加几个月后的 1978 年高考了。

1978 年高考复习最大的困难是时间不够用。每天除了要工作 8 小时外，还要料理必要的家务。只好挤占休息时间复习。记得我每天下班后，用最短的时间料理完家务后，就开始复习功课。每天学习的时间达到 8—10 小时。我把 1977 年全国各省、市、自治区的数学、语文、物理、化学、政治等高考试卷汇编中的每份卷子，都在看好时钟的条件下在规定的时间内进行模拟自考。一个晚上要做几份试卷，直到半夜过后才休息。上班期间只要没有活儿时，就穿着满身油污的工作服，坐在台虎钳前的座位上，看复习资料，背外语单词，尽管耳边是震耳欲聋的冲床工作噪音也无法影响我的复习。真感谢 1978 年高考前，国家给参加高考的在职人员 1 周假期复习，大大地缓解了我时间不够用的困难。终于我在 1978 年以语文、数学、政治、物理、化学五门课总分 429 分，英语 86.5 分的成绩被南京工学院工业与民用建筑专业录取。感谢邓小平的新教育政策，让我有幸在 25 周岁的时候搭上了高考上大学的末班车。

7 年的大学生活

离开学校 12 年后，我终于又回到了梦寐以求的学校学习。由于这个学习机会来得太不容易，所以在大学的几年时间里，我如饥似渴地学习。曾经是"礼东班"的一员，即在其他教室熄灯后再到不熄灯的礼东教室继续学习，尽管这种打疲劳战的学习方法并不科学，后来也不再实行了。

记得入学后全体新生进行了英语测试，然后我被分到英语快班学习。当年，土木工程系只有 3 位学生进入该班学习，有我和同宿舍的潘明，还有一位是 53 专业的王嘉。感谢大学各门任课老师的谆谆教诲和同学们的帮助，大学本科 4 年学习期间，我全部考试课的总评成绩都在 90 分以上。虽然我读大学前工作了近 7 年，但是由于单位属于小集体性质，所以上学不带薪，读大学后靠每月国家提供的助学金生活。我担任 51781 班的生活委员，负责本班学生助学金的发放工作。为了不弄错账目，我请每位领助学金的同学交出一个信封，在信封正面写上姓名、助学金的金额。我每月在规定的日期到学校财务处开支票，然后到成贤街银行分理处取出事先算好的准确的各币值的钱钞，分到每位同学的信封内，直到总数正好平衡，然后再向同学分发。很欣慰 4 年期间为同学们做的这项服务工作，从来没有出现过差错。

1982 年，大学 4 年本科学习结束，获得工科学士学位。我考取了本校结构工程专业硕士研究生。1985 年研究生学习结束，获得工学硕士学位。

29 年的大学教学科研经历

1985 年硕士研究生毕业后，我被分配到苏州城市建设环境保护学院土木工程系工作。学校后来更名为苏州科技学院，2015 年又更名为苏州科技大学，所在工作部门更名为土木工程学院。多年来我一直在教学一线工作，主要是给学生上课，指导课程设计、毕业设计，还进行编写教材、编写教学中要用到的计算机软件等工作。多年来曾讲授过的课程主要有：钢结构设计原理、钢结构设计、混凝土结构设计原理、混凝土结构与砌体结构、建筑结构抗震设计、高层建筑设计、结构设计原理、专业外语、土力学与地基基础等。同时还进行科研工作，曾在各类学术期刊上公开发表过几十篇科研论文。

多年来我为培养土木工程技术人员做出了应有的工作，2014 年退休。

退休后的生活

退休后大约半年，学校聘请我当教学督导员。主要工作是听土木工程学院教师的课，对所听的每节课做出评议；指导青年教师备课、上课；指导青年教师编制高质量的 PPT 课件；检查课程设计、毕业设计、教育实习工作等等。

2018 年 5 月 28 日

15.
忆 40 年前入学

5178123 邵弘

1978 年入学必定是不平凡和各色各样的，但我的入学确实再平凡不过了，从高中通过高考直接进入大学。那时社会上高考补习班提高班比比皆是，我亦不例外，从提高班走出来再挑灯夜读，终于考上了南京工学院土木系。虽然学校、专业均不是初设，也不知土木系是学何事，但第一次离开家，从上海坐火车到南京没有一个同伴，有一份闯荡江湖的感觉。班里大同学居多，他们阅历丰富，但也有不少年仅 15、16 岁的，感触最深的是成小竹同学仅 15 岁，母亲不放心而时常照看。年龄最大的已有 32 岁，这种大跨度年龄段的人在同一教室学习，也算特殊年代的奇观了。

时间飞逝，至今已过 40 年，每当回忆起考上大学的那一时刻，还是不由得心里自豪一下，不仅为我还为家庭。难得看到这一时期父母脸上发自内心的笑容，至今犹记，自然在小区里感受到羡慕的目光。后来在儿子的学习中恶补语文，学到朱自清的"背影"，不禁潸然泪下。一个时代过去了，一代经历了跌宕起伏的人也过去了，但历史不会改变，它永远留在了我们记忆之中。

2018 年 5 月

附诗歌一首：

入学四十年纪念

思绪越过四十年，金陵相聚小平缘。

突破阴霾齐努力，奋夺已失年少学。

四年寒窗走征程，各行领域传佳言。

为学何止急先锋，幸与国家共争前。

而今已临看甲子，再聚宁城话当年。

白袍少年犹未在，廉颇伏枥志存远。

健康工作五十年，还需执剑守险涧。

笑看人生远未尽，大好河山走一圈。

16.

回首 40 年　知足常感恩

5178124 方小豹

四十年前高考梦	报读东大学土木
四载明师善友多	毕业幸运留母校
边助教来边读研	园丁生涯六春秋
改革开放春风吹	调回广州做设计
九二南行心潮起	赶潮下海又五年
发财富翁非吾命	收起心来奔国企
学习管理从头来	六年长进一点点
运气光顾多关照	中职校长乐担当
三年勤校面貌变	征地扩校上规模
人生转型顺势为	再回国企谋发展
经营企业不容易	认真做事记心中
老实做人不含糊	稳健发展长久计
如今年届五十六	小豹不小还小豹
人生历练皆收获	感恩邓公感恩党
感念东大教育恩	感恩学友同窗情
祝福同学恒安乐	幸福吉祥福慧增

2018 年 5 月 29 日

17.
难忘的回忆

5178126 杨建明

我出生在无锡县，1976 年 7 月高中毕业后，回乡当了赤脚医生。当时，有两部电影《田春苗》和《红雨》，大家应该会有印象，背着药包，走在小路，为农民治治小毛小病。相比务农我还是幸运的！

我参加了 1977 年的高考，通过了苏州地区统考，但由于基础较差而落榜。正是由于地区统考，有幸进入了江苏天一中学组织的为期 4 个月的考前培训，取得 1978 年高考总分 384 分的成绩。跟同学们的缘分是：报考志愿我在临交时把第一志愿的上海第一医学院改为南京工学院。但是，收到录取通知书为"土木工程系"时，我的父亲还不太高兴，"土木不就是泥瓦匠吗，有啥好学的"。同学们，40 年了，一栋栋高楼拔地而起，有我们的一份贡献，我们应该感到自豪！

大学四年的点点滴滴、一幕一幕，仿佛就是昨天刚发生的：很早王老师就出现在我们宿舍门口，"成小竹，跑步了"；咚咚咚，很轻的敲门声，老狄晚自习才回来；1979 年春节前的大雪，冻得脚发麻，同学们坚持复习迎考；放假了，孙国建总是背着沉甸甸的书包回家预习；像兄弟一样，黄文建和我的外衣经常换着穿；每月 15.3 元的助学金和 32 斤粮票，生活委员准时发到，保证我的基本生活；凌晨跑步前，先把上课座位占了；很晚了，楼道里还是比较忙碌，很多同学跟我一样难以入睡，原来明天要考试；1982 年春节到了，很多同学家都不回，在校复习考研……

大学毕业后，很想被分配到无锡的我，没有如愿，分配到了南京航务工程专科学校任职。所以，1984 年考研被录取为吕院士

76

的硕士研究生，而后继续成为吕院士的博士研究生。1990年毕业留校任教，1992年被聘为副教授。喜欢做设计工作的我，在1995年东南大学工作期满5年后，到了厦门中福元建筑设计研究院工作，1997年12月由福建省人事厅授予高级工程师职称，1998年6月获一级注册结构工程师资格，1998年7月被聘为福建省土木建筑学会工程抗震学术委员会副主任委员，1998年10月任中福元建筑设计研究院总工程师，1999年10月入选为福建省"百千万人才工程"人选，2003年10月被聘为福建省建筑结构与工程抗震学术委员会常务委员，2004年2月由福建省人事厅授予教授级高级工程师职称，2006年6月由福建省建设厅授予福建省超限高层建筑工程抗震设防专家。

作为主要研究者，曾获建设部科技进步二等奖一项、国家教育委员会科技进步二等奖一项、江苏省科技进步三等奖一项及福建省优秀勘察设计三等奖二项。大学毕业后，在《建筑结构学报》《建筑结构》《东南大学学报》《工程力学》《低温建筑技术》等国内刊物上发表论文20余篇。在设计院作为专业负责人或审核人完成设计项目50余项。

2018年5月28日

18.
78 级醇香
——纪念高考入学 40 周年

5178127 徐学鸣

一声惊雷的响起，炸醒了迷惘中的青年，经过十几年的等待，终于恢复高考，迎来教育史上的春天。

自愿报名，统一考试，放下包袱，公平竞争，奔向考场，找回失落的青春。工人、农民、军人、干部、学生、知青、老三届……城镇乡村，风云际会。

一座通往知识的独木桥，数百万人一拥而上，只有极少数人，幸运过关，令人热泪盈眶。年龄参差，经历丰富，吃苦耐劳，一个特殊的人群，错过了太阳，绝不能再失去星星。

78 级的诞生，改变了人生的方向，如饥似渴地学习，读书就是最大的希望，成为社会的栋梁。破冰之举，改变了国家的命运，结束了荒废颓势年华，进入了人才辈出的时代，在机遇中壮大。一颗启明星，划破了黎明前的黑暗，一块奠基石，承载着民族的崛起，改革开放，辉煌灿烂。

天之骄子，不是炫耀的名称，而是一个时代的标志，要感谢历史的功勋，大人物小人物的睿智。

今天的 78 级，经历了岁月沧桑，汗水、泪水、荣耀、梦想，镌刻在厚重的年轮里。陈年老酒，十里飘香。永远的 78 级，是不可复制的一代，验证了自己的时代担当。高考已成往事，那段幸福时光，永生难忘。时间不会忘记，我们也不会忘记。那些刻苦求学的日子，那些为梦想、为国家奋力前行的日子，都在脑海中熠熠生辉，等待着我们去撰写、去挖掘。百载文枢江左，东南辈出英豪。这一次，就让我们在文字中回首岁月，激扬青春！

19.

幸运！

5178128 成小竹

我幸运！1978年7月赢得人生的大考。7、8、9日三天酷暑高温，晕乎乎的大脑，稀里糊涂地交卷，我的高考就结束了。从上小学的那天起，到1978年高考结束，实实在在地认真念书也就一年不到的时间。1977年9月新学期开学，得知要恢复高考了！当年，中学各科老师们对于高考的热情比我们学生还要高，小班一共16个学生，除上课外，数、理、化每科老师只带两到三个应届毕业生课外突击辅导，老师们比现在的学生家长看得都要紧，也比现在的研究生导师们"来劲"。就这样，我基本在没有多少压力和烦恼的情况下，度过了童年和少年时期，而且取得了圆满的结果。

我幸运！1978年9月底拿到南京工学院土木工程系工业与民用建筑专业录取通知书。1978年10月15日下午带着好奇、忐忑的心情，第一次走进南京工学院的大门，一到文昌桥五舍，就算开始了大学生活。大学四年，我有幸和各位学兄学姐相遇，在你们的关心和爱护下，我顺利迈开走向社会的第一步。你们包容我的"嘻哈打闹"，原谅我的"调皮捣蛋"。我更从你们身上看到了严谨治学、勤奋刻苦、团结友爱的精神，也看到当时年代"少儿不宜"的场景和忠贞不渝的精神，朦胧中知道了担当的分量。四年的大学学业，为以后的36年生活和工作打下了坚实的基础。

我幸运！1982年7月我回到了家乡盐城，虽然当时家乡比较落后，但回家的感觉真是太好了，可能是少小离家的原因，大学四年一直都有点想家。1982年7月14日，我到盐城地区建筑设计室报到，带着报效家乡的一腔热血，度过我人生中最美好的

16 年。我在盐城市建筑设计研究院认真工作，娶妻生子，一直美满地在工作和生活到 1990 年代中期，以至于当时认为这辈子就在盐城圆满了。在这黄金时期的 16 年里，我学会了平衡得失和取舍，知道担当的分量和代价，收获了成熟。

我幸运！1998 年 8 月带着妻儿来到南京，到南京后转型从事建设工程监理工作，从头再来，一干就是 20 年，这 20 年来，大大小小做了不少工程，有幸看着大型工程一天一天"长大"，想想自己前 16 年遇到的工程，感觉以前就是个井底之蛙，我在盐城可能一辈子都遇不上这些大型工程，我很是珍惜这次机遇。当南京国际展览中心、南京国际博览中心、南京新世界、南京新世纪、苏州现代大厦、苏州圆融星座、江苏大剧院这些重点工程在我手里签字过关的时候，我幸运我的选择没有错。

我幸运！40 年过去，我重视家人和朋友，成为一个家人和朋友满意的人；我敬业、专业，成为领导和同事满意，社会满意的人。我努力、我自信、我知足常乐，我看淡"彩虹"；我知道感恩，有几个朋友，没帮过什么人，但从未害过任何人；我幸运成为对自己满意的人。

我幸运！40 年后与各位同学回顾人生，畅想未来。5178 人都有一颗年轻的心。

2018 年 6 月于南京

20.
我们的大学老师

5178129 邱洪兴

1978年10月我们从全国四面八方来到南京工学院，学习工业与民用建筑本科专业。一转眼40年过去了，老师的举止行为、音容笑貌就像发生在昨天一样，历历在目。

高等数学是入学后的第一门主课，分上、下两个学期，第一学期的任课老师是刘鉴明副教授，上课地点是五四楼101，东门进去左手第一个教室。打开南京工学院数学教研组编写的高等学校试用教材后，发现任课老师是编写组成员之一，不禁肃然起敬，感到非常幸运。刘老师是四川人，讲课带有四川口音，但基本能听懂。课程一开始关于"集合的概念"，对我们这些没有接受过正规中、小学学习的学生来说，理解起来还是很吃力的。老师讲课条理清楚、由浅入深，很快我们就适应了严格的数学思维。当时学校有谢师的习惯，每门课程结束后，以班级为单位要写一封感谢信，张贴在布告栏内。由于我们这一届进校比正常开学（9月1日）晚了一个半月，高数上册的教学内容没有完成。最后一堂课刘老师说下学期还要继续教我们（后来第二学期的高数换了一个老师），所以没有写感谢信，成为大学的一件憾事。

大学第一学期的另一门主课是大学英语。由于不少同学入学前没有学过英语（我在高中学了一点，最后一学期为了迎高考，学校把英语课停了），我们的大学英语是从A、B、C学起的。教我们英语课的陈霖泉老师是从法语转过来的，鼓励我们说"我们同步学习，我也在从A、B、C开始学"。一些同学背26个字母就费了很大劲，英语是大学期间花时间最多的一门课。

教我们建筑制图课的是王宏祖老师，上课教室是礼西一楼。

王老师是上海人，衣着比较讲究，一副福态，这在当时比较少见。我们在方格纸上画的三视图作业，线条涂涂改改，自己都看不清，真不知道老师批改是如何看明白的。课程最后要画一张楼盖的透视图，还需要用鸭嘴笔上墨线，一不小心硫酸纸上就会留下一团墨。我现在编教材需要画一些透视图，就是那门课打下的基础。

大学物理课需要用到高数微积分知识，所以在大学第二学期才开。任课教师柯景风副教授也是教材编制组成员。柯老师不太讲究，上课时胸前衣服上全是粉笔灰。我中学物理没有学好（是工厂技术员教的，领导让他讲课勉为其难），学了大学物理才把速度与加速度的区别搞清楚。

给我们上政治经济学的赖国泰老师是印度尼西亚华侨[1]。赖老师在课堂上对十年"文革"导致经济停滞、处于崩溃边缘，深恶痛绝；在分析"文革"原因时，谈到了彭德怀的"万言书"。这在当时还是需要勇气的，因为我们手上的党史教科书上，彭德怀还是"反党集团"的首要人物。由此可见，当时南京工学院马列教研室老师的思想还是很解放的，是改革开放的先锋。

教我们理论力学课的是张焕昌老师。理论力学是工业与民用建筑专业三大力学（理论力学、材料力学和结构力学）的第一门，运动学还是挺难的，其中的牵连运动、哥氏加速度等概念不好理解，考试前大家都很怕。老师菩萨心肠，8点开始、原定两个小时的考试，延长到12点，批改也比较宽松，最后大家的成绩都不错。

材料力学课我们用的是美国编写的英文原版教材，这对大学英语从A、B、C开始学习的我们来说，具有挑战性。任课的关来泰老师，每周晚上给我们补专业英语。关老师个子不高，英文很好。经过一段时间的努力、专业名词掌握后，我阅读英文教材

1　1992年在中国致公党江苏省第一次代表大会上当选为江苏委员会副组委兼秘书长；在1999年出版的《中国改革发展文库》一书中，撰写了"邓小平对侨务工作的新贡献"一文。

没什么困难了，这门课学得不错。

单炳梓老师给我们上了结构力学（上）和弹性力学两门课。第一堂课做自我介绍，"我叫单炳梓，不是 dan 炳 xin"。单老师讲课风趣、语言生动、表情丰富、手势不断，听他的课不会打瞌睡；条理性非常好，通过比喻能把难懂的概念说得很清楚，我在课堂上就能把内容完全理解，不怎么需要课后复习。单老师口头禅"你懂不懂"。单老师怕冷，冬天穿得很多，毛衣、棉背心、棉袄，进教室的第一件事就是要脱去一些衣服，即便这样，由于讲课投入，常常满头大汗；对教学工作尽心尽责，每周晚上固定时间去我们宿舍答疑。单老师讲课功底很深，据他自己介绍曾给金宝桢教授[2]当了 7 年助教，有丰富的积累；年轻时爱去无锡崇安寺听说书。听过他课的每届学生返校，都会提到单老师给他们留下的深刻印象。任"结构力学（下）"的何达老师则是另一种风格，讲课幽默、言语简洁。

上"测量学"的孙云雁老师，是我们大学期间资历最深的任课教师，1949 年前已是副教授，1954 年就编著了《测量学》教材。不知是夫人不勤快，还是老先生不讲究，衣服上常有饭迹。对教学一丝不苟，第一堂课得知我们领的教材不是他选定的时，执意更换。一次测量实习，下起了小雨，助教怕淋湿仪器，不给我们领，这意味着这次实习要泡汤，需改期。老先生当场大发脾气，"下雨怕什么，不是有大伞吗，结束后你们及时把仪器擦干就行了；我在美国铁路工地上，下雨天是照样干的"。最后正常进行。

教我们"房屋建筑学"的是唐厚老师，选用的教材是唐老师参编的四校合编教材。唐老师讲课不急不慢，讲到砖瓦时，专门

2　美国密西根大学土木工程博士，历任南京工学院土木工程系主任、南京工学院副院长；江苏力学学会第一届理事长，1961 年牵头同清华大学杨式德教授、同济大学朱宝华教授一起编写了国内第一本《结构力学》统编教材，在"文革"中受到迫害，1968 年 11 月 11 日含冤而逝。

83

去建筑垃圾堆翻出来一块平瓦。在上课前已指导过我们认识实习，参观电影院时，讲到为了保证观众都能看到银幕或舞台，剧院座位需要进行视线设计：后排观众的视线从前一排观众的头顶穿过，这是无阻视线设计；如果相邻两排座位错位，则后排观众的视线可从前二排观众的头顶穿过，这是有阻视线设计。眼睛到头顶的平均距离，国外按 120 毫米设计，我们国家取 115 毫米，可能是亚洲人头盖小些。为了满足视线设计要求，地面需做成斜坡；为了减少总的抬升高度，前排地面可做成反坡曲线。影剧院还要求有良好的音响效果，保证声音能同步到达每位观众，通过吸音控制混响时间。一次认识实习，就给我留下如此深刻的印象，可见当时老师如何的敬业。课程结束后是我们的第一个课程设计——房屋建筑学课程设计，老师指导细致入微，讲到打底、加深分别采用什么型号的铅笔、如何削铅笔、如何起笔落笔、如何裱图纸、如何用馒头屑擦拭图面。

两年的体育课是小班上课，我们一班是吉崇波老师（现在在校东还经常碰到，80 多岁了，身体还很硬朗），每天清晨来文昌桥宿舍喊跑步，一声"小竹，该起床了"记忆犹新。冬天天亮得晚，起床时天还是蒙蒙亮，眼睛睁不开，只能闭着眼睛跑。即使三、四年级没有体育课，我还坚持了早晨跑步的习惯，一直延续到后来的研究生阶段，这应该归功于当时大学体育老师的敬业和执着。

给我们上"算法语言"课的祝子高老师，给我留下的印象是脑子灵活、思维跳跃、来去匆忙。不像其他老师提前到教室，他总是手里拿着其他东西急急忙忙地赶到教室。当时主流的算法语言是 ALGOL，但祝老师认为 FORTRAN 语言更有发展前途。为了既讲 FORTRAN 语言，又不违背课程教学大纲规定的 ALGOL 语言，他弃用正式出版教材，自行编制了讲义，左侧是 ALGOL 语言，右侧是 FORTRAN 语言，上课时两种语言交替讲，"错了、错了，又错了"，常常连自己都搞混了。由于概念跳跃，加上当时学校也没有计算机可以供我们使用、练习（学期快结束了，祝老师带我们去无线电系参观了刚购置的苹果机），结果两种语言一种都没有掌握。

"工程数学"课我们 78 级是和 77 级（77 级 1978 年 2 月入学，相差半年）合班上的，在五四楼 107 教室，任课教师是戴昌国副教授。戴老师知识渊博、才思敏捷、表述严密、记忆力极强，某年某位数学家写信的内容，能全文背出来。解释概率时，说到"我们这个教室的氧气分子全部蹦极出去，这种可能性是有的喔"。他烟瘾很大，一下课就会去户外抽烟，当时班上也有几位同学抽烟，于是边抽边聊开了。他曾被打成右派，这是他恢复工作后的第一次讲课；住在城南，不骑自行车，坐公交到校需要 45 分钟。

给我们上"地基基础"课的是张克恭老师和刘学尧老师。张老师人比较瘦，考试前专门去宿舍收作业本、当场批改，作业可以算成绩。刘老师讲课吐沫星子飞舞，大家都不愿坐前排。上课期间专门带我们去幕府山认识高岭土和蒙脱土。这门课有试验，测土的塑限时要用手搓土条，当时感觉，土木专业真土。

以上都是我大学期间对老师的印象，与老同学一起分享。专业课老师，如"钢筋混凝土"课程的童启明老师和袁必果老师、"钢结构"课程的何德生老师和葛筠圃老师、"建筑施工"课程的杜训老师和钱昆润老师、"房屋抗震设计"课程的高振世老师等，因我 1986 年留校后与他们共事，对他们非常熟悉，大学期间的印象反而湮没了，要另文撰写。

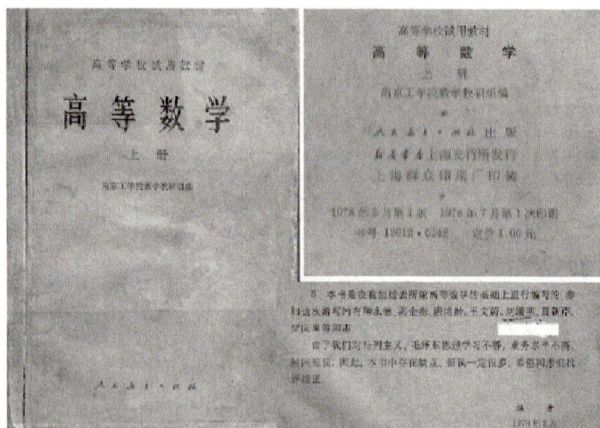

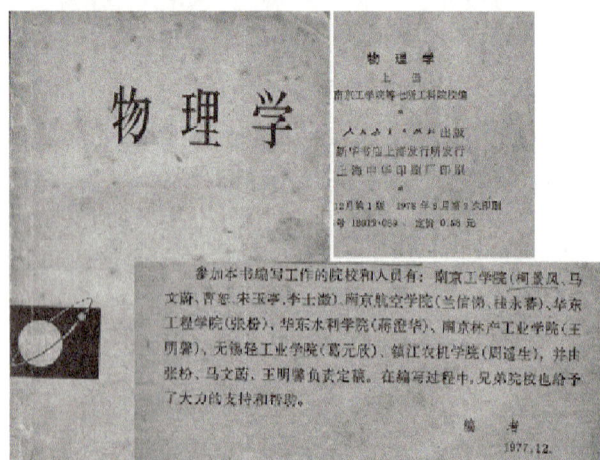

21.
校园景点的前世今生

5178129 邱洪兴

今年是我国改革开放 40 周年，也是我们 78 级相识 40 周年。40 年前今天，来自全国各地的 1 487 名学子一同走进东南大学（南京工学院）。校园留下了我们的足迹，校园景点印刻在我们脑海。

校门

校门是一个学校的脸面，学校的变迁首先会在校门上反映出来。我们入学时南京工学院的校门（图 2）是原国立中央大学的校门（图 1），仅更换了校名，从 6 个字的"国立中央大学"改为 5 个字的"南京工学院"；1988 年学校复更名，又改为 4 个字的"东南大学"（图 3）。

之所以称复更名，是因为国立东南大学是学校历史上的曾用名，成立于 1921 年 6 月 6 日（图 4），首任校长是郭秉文先生。学校源自 1902 年由两江总督张之洞创办的"三江师范学堂"（面向江苏、安徽和江西三省招生）；1905 年更名为"两江师范学堂"，校牌由时任监督李瑞清手书（图 5）；1911 年辛亥革命后因战乱一度停办，学校数易驻军，共有 192 间校舍焚毁，破坏严重；1915 年在两江师范学堂原址建立南京高等师范学校（简称南高），1923 年 7 月全部并入国立东南大学；1921 年华侨张步青先生将其在丁家桥的南洋劝业会旧址（图 6）约 500 亩土地捐赠给国立东南大学；1945 年抗战胜利后，国立中央大学收回丁家桥中大二部，医学院、农学院以及理、工学院的一年级新生在此就读；1958 年在丁家桥建立南京铁道医学院，在 2000 年 4 月与东南大学合并，成为东南大学的丁家桥校区（图 7）。

图 1　中央大学校门
　　　（1928.4—1949.8）

图 2　南京工学院校门
　　　（1952.11—1988.6）

图 3　东南大学校门
　　　（1988.6—）

图 4　国立东南大学校门（1921）

图 5　两江师范学堂校名碑

图 6　南洋劝业会旧址

图 7　丁家桥校区校门（2000.4—）

东南大学一直受困于校园面积，四牌楼教学区不足 300 亩。所以早在 1935 年国立中央大学时期，就在中华门外规划了能容纳 1 万名学生、占地 2 700 亩的新校区，并于 1937 年招标开工，后因日本占领南京而放弃。拓展校园面积一直是东大人的梦想。1988 年，学校与同根同源的南京大学过江北上在浦口开辟了占地 1 000 亩的新校区，1990 年 9 月 7 日首批 1 490 名新生进入浦口新校区学习（图 8）。由于受地域条件限制，浦口校区无法进一步扩展，校园面积仍然不能满足综合性大学的发展需要。学校再次南下，在江宁区建立了 3 752.35 亩的九龙湖校区（图 9），2006 年 9 月正式启用，当年的一年级新生（建筑、医学除外）以及浦口校区的二、三年级学生全部进入九龙湖校区，浦口校区供民办二级学院——成贤学院使用。

图 8　浦口校区校门（1990—）　　图 9　九龙湖校区校门（2006—）

图书馆

大学是学习、传播、创造知识的地方，图书馆往往是一个学校的标志性建筑。四牌楼老图书馆是 1923 年建成的（图 10），系国立东南大学时期的建筑，为两层混凝土框架结构（设有一层地下室）。由督军齐燮元独资捐建，落成后以齐燮元之父名命名为"孟芳图书馆"。1933 年进行了扩建（图 11），增加了两翼（混凝土框架、空心砌块楼盖）阅览室和北侧书库（砖木结构）。

2008 年，学校对老图书馆进行了全面的抗震加固和改造，框架梁、柱采用增大截面加固法，空心砌块楼盖更换为混凝土楼盖，外墙进行了单侧钢丝网水泥砂浆抗震加固；北侧砖木结构的书库部分改造为两层混凝土框架结构，东西侧各增设了一个楼梯，室内加固后按原样进行了建筑恢复，外立面和屋顶维持原样，所以从外表基本看不出加固的痕迹（图12）。

图 10　1923 年落成时的图书馆

图 11　1933 年扩建后的图书馆

图 12　四牌楼老图书馆现貌

1985 年，四牌楼新图书馆落成后（图 13），老图书馆主要用于机关办公和会议室。2010 年落成的浦口校区图书馆（图 14）也是该校区最为亮丽的建筑；九龙湖校区图书馆（图 15）更是学校历史上最为气派的建筑。

图 13　1985 年落成的四牌楼新图书馆

图 14　浦口校区图书馆

图 15　九龙湖校区图书馆

其他民国建筑

体育馆（图 16）是与老图书馆同一年落成的国立东南大学时期建筑，长 56 米，宽 20 米，檐口高度 10.73 米，屋脊高度 16.8 米。系砖木结构，砖墙木楼盖，二层（局部三层，四周看台 2.8 米）。屋面采用 20 米跨度的三角形钢木屋架；室内中部在二层至三层看台之间设有两个对称的木楼梯；东侧中部设有一个外楼梯，西侧设有两个外楼梯。这是世界上最早的同类型体育馆之一。除了用作体育健身之所外，许多重要活动曾在此举行，英国哲学家

图 16　体育馆外貌和奠基碑

罗素、美国教育家杜威、印度诗人泰戈尔等曾在此做过演讲。

2001 年，学校为迎接百年校庆，对体育馆进行了可靠性鉴定和加固维修。增设了屋架垂直支撑和横向水平支撑；采用单面钢筋网水泥砂浆对外墙进行了抗震加固，并在屋架支承处增设了混凝土壁柱；在屋盖和二层楼面增设了混凝土圈梁；采用钢筋混凝土对大放脚基础进行了外包加固；东侧楼梯因钢筋锈蚀严重拆除了重建，立面进行了建筑勾缝。从外形不易察觉变化，对比内景（图 17 和图 18）才会发现细微差异。

位于体育馆东北向、紧挨校园北侧围墙的工艺实习场（图 19），建于 1918 年，系南京高等师范学校时期的建筑，是东南大学现存最古老的建筑。为两层砖木结构，从西侧的室外钢楼梯上去，我们曾在二楼做过课程设计，结构力学（下）的考试也在此楼。现钢楼梯已拆除，更换为混凝土仿古楼梯，用作校史馆。

正对校大门的大礼堂（图 20）无疑是东南大学最具代表性的建筑，在校友的毕业照里总能见到它的身影（图 21）。它是国

图 17　加固前体育馆内景

图 18　加固后体育馆内景

图 19　工艺实习场

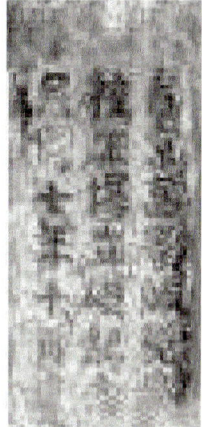

图 20　大礼堂

图 21　1934 年中央大学土木系毕业生合影

立中央大学时期的建筑，1931年4月落成，内有三层坐席、可容纳2 700人；建筑面积4 320平方米，顶高34米，是当时校园内最高的建筑。1931年5月5日民国政府在此召开了国民会议开幕式（图22）。1956年添建了两层砖混结构两翼，东侧一楼后改造成春晖堂，西侧命名为日新堂；1965年又在礼堂两侧增建三层教学楼，称礼东和礼西，与礼堂融为一体，平面呈H形。我们当时的"建筑制图"课就是在礼西一楼上的。礼东是当时的通宵教室，很受学霸的青睐，其他教室熄灯后转移至此。1990年学校曾委托土木系对其进行安全性鉴定，安全状况良好。1995年在中央大学校友余纪忠先生的捐赠下进行了内部整体装修，座席缩减为800个。2002年百年校庆前，礼堂前面的花坛改为喷池。校门到大礼堂中央大道两侧的梧桐树伴随着学校成长，越来越茂盛，是一道动态风景。

东南院（图23）位于校园的东南角，系两层砖木结构，1919年建成时称南高附中一院；国立中央大学时期法学院设在此处，

图22　国民会议开幕式合影

图 23　中央大学时期的东南院　　　图 24　1983 年翻建后的东南院

以学校曾用名命名；1983 年翻建（图 24），沿用原名。重建后的东南院系三层混凝土框架结构，平面呈回形，建筑面积 2 799 平方米。

　　中山院（图 25）位于一进校门的右侧，从国立东南大学校门照片（图 4）可见此楼，系三层砖木结构，有 18 间教室，我们大二时的"特种结构"选修课就是在此楼二楼上的。1922 年与体育馆、图书馆同日奠基，同年落成时称南高附中二院，国立中央大学时期以校史上曾用名第四中山大学（1927.7—1928.3）命名。1952 年为建筑系馆，1958 年后用作公共教室。1982 年翻建，沿用原名。重建后的中山院（图 26）系六层混凝土框架结构，一楼正中塑有孙中山先生像。

　　江南院（图 27）位于大礼堂东面，一楼正对大门的致知堂阶梯形教室是我们上"弹性力学"课的地方。它是在建于 1909 年、毁于 1923 年 12 月 11 日大火的口子房（图 28，因平面形状呈回形而得名）原址上重建的，1927 年建成时称科学馆，1952 年为纪念并入部分系科的江南大学，科学馆更名为江南院，为无线电系系馆。1992 年为纪念杰出校友吴健雄，更名为健雄院，同年在大礼堂西侧还新建了吴健雄纪念馆。楼前 1927 年栽下的墨西哥落羽杉，根深叶茂，风采依旧。

95

图 25　1923 年落成时的中山院

图 26　1982 年重建的中山院

图 27　1927 年建成的江南院

图 28　1909 年建成的口子房

图 29　1929 年落成的前工院

图 30　1987 年翻建的前工院

前工院（图29）位于校园东侧，是国立中央大学时期的建筑，系两层砖木结构，1929年落成时称新教室，工学院各系用房。1952年院系调整，命名为前工院，意为国立中央大学时期的工学院。我们刚入学时，结构专家丁大钧教授在此楼和我们见面；"测量学"课也是在此楼上的。1987年拆除翻建（一同拆除的还有前工院东侧的印刷工厂平房），沿用原名。重建后的前工院（图30）系六层混凝土框架结构，分南楼和北楼，东西两端有连廊相连。

中大院（图31）位于中山院的北面，1929年建成时名生物馆（图32），三层砖混结构，带有一层地下室，建筑面积2 321平方米。1957年扩建两翼1 728平方米，1958年改作建筑系系馆，以学校曾用名命名。2001年进行了维修加固，采用钢丝网水泥砂浆对墙体进行了抗震加固，采用粘刚加固了楼面梁，门厅右侧木楼梯更换为混凝土楼梯。

梅庵（图33）位于体育馆北侧。1916年南京高等师范学校长江谦为纪念两江监督李瑞清，以带皮松木为梁架，建三间茅房；1933年翻建为砖混结构，建筑面积204平方米。

金陵院（图34）位于校园东北侧，1937年建成时称牙医大楼，三层砖混结构，建筑面积3 567平方米；1952年为纪念并入部分系科的金陵大学，更名为金陵院，我们上学时为电子工程系系馆。

图31 中大院

图32 1929年建成的生物馆

图 33　梅庵

图 34　金陵院

南京工学院时期的建筑

五四楼（图 35）为 1952 年成立南京工学院后兴建的第一栋教学楼，系三层砖混结构，以建造年代得名，建造质量很好，使用至今未做大修。我们的高数、党史课以及物理实验都是在此楼上的。

五五楼（图 36）1955 年兴建，三层砖混结构，小梁楼盖，平面呈多折线 Ⅱ 形。我们读书时，土木工程系的结构力学教研室和建材教研室、建材实验室以及基础系的力学实验室设于此楼，我们的力学实验、建材实验在此完成。因当时设计、施工过程中要求不断降低标准，质量远不如五四楼，1990 年安全性鉴定后进行过多次局部加固。

1957 年建成的动力楼（图 37）是为动力系量身定做的，用于动力系系馆，故命名为动力楼。系四层砖混结构，混凝土楼盖、木屋盖。我们的电工学实验是在此楼进行的，江苏省电力公司的

98

图35　五四楼

图36　五五楼

图37　动力楼

TQ16 大型计算机借放在此处，我们毕业设计时曾使用过。2008年3月13日动力楼遭遇火灾，木屋盖损毁严重，屋盖进行了修建，其余部分保持原状。

南高院（图38）位于大礼堂西侧，原名一字房（图39）。始建于1909年，东西两层，中部三层，居中钟楼四层，是南京高等师范学校时期的主要建筑。1933年修建，以校史曾用名命名。1963年拆除重建后的南高院系四层砖混结构，建筑面积 5 032 平方米，用作机械系系馆。

河海院（图40）为纪念河海工科大学而命名。1915年"河海工程专门学校"（河海大学前生）成立，因当时校舍没有着落，遂与国立南京高等师范学校协商，租用口子房、一字房及部分平

图 38　1963 年重建的南高院

图 39　一字房

图 40　河海院

房（今河海院）做校舍。1924 年河海工程专门学校与东南大学工科为基础，改组成立河海工科大学，1928 年 4 月并入国立中央大学。1952 年原中央大学、交通大学、同济大学、浙江大学水利系（组）以及华东水利专科学校合并成立华东水利学院。1985 年更名为河海大学。1956 年将河海院平房拆除重建为两层楼，建筑面积1 699.42 平方米，沿用原名。我们读书时为公共教室，现为学校设计院电力分院。与河海院隔路相望的是一排机械系的铸造实验室，修建榴园宾馆时拆除。

　　1964 年建成的结构实验室（图 41），建筑总面积 900 平方米，其中大厅为混凝土排架结构，跨度 15 米、柱顶高度 12 米，设有

10 吨桥式吊车，拥有当时国内同类高校中一流的静、动力试验设备。南侧附房为两层框架结构，底层为金加工车间、设备控制室和仪器房，二楼为研究室用房，我们的毕业设计在此进行。

1978 年落成的留学生楼（图 42）位于体育馆西侧，是拆除了两江师范时期建筑——教习馆（图 43）后新建的。我们那一届公路与城市道路专业有 4 名留学生，安排了中国学生与他们同住。留学生楼现为东南大学出版社。

图 41　结构实验室

图 42　留学生楼

图 43　教习馆

位于大礼堂北侧的中心大楼建设时间很长，1974 年立项开始做设计方案，1978 年出施工图，1982 年落成，计算机房、演讲厅、地下室人防等内部设置以及配套设备用房 1984 年才竣工。在礼西上"建筑制图"课，能看到窗外北侧正在进行的基坑井点降水施工，我们毕业后才投入使用，为自动控制系和计算机系系馆。

六朝松

六朝松（图44）位于校园西北角，为六朝遗株，历千余载风霜，数遭雷击，傲然挺立。相传系六朝时期梁武帝（464—549年）亲手将此树植于宫苑之中，隋军灭陈后将建康城邑宫苑全部平毁，而此树却自兵火中幸存至今。明朝国子监建在这株六朝松所在的南朝宫苑旧址上。1902年，在明国子监旧址上又建立起东南大学。"六朝松下听箫韶"，在老校友的回忆文章中，多有"魂系六朝松，难忘母校情"之句，表达了海内外东南大学学子对母校的深深眷恋。

图44　六朝松

22.
我的土木年华

——入学篇

5178131 李刚

一个数码，一个简单的数码：1978，它带给我的不仅仅是一个普通年份的表达，而且是影响我长达近40年的职业生涯。

1978年对于科教界来说是极其不平凡的一年。在这一年里，召开了全国科学大会，这次大会是中国共产党在粉碎"四人帮"之后，国家百废待兴的形势下召开的一次重要会议，也是中国科技发展史上一次具有里程碑意义的盛会，它使我们的祖国迎来了科学的春天。在这一年里，中共中央组织召开落实知识分子政策座谈会，认为：知识分子队伍的状况已经发生深刻变化，解放初期提出的对知识分子"团结、教育、改造"的方针已经不适用于目前的情况，当前要继续做好复查与平反昭雪知识分子中的冤假错案工作；对知识分子要充分信任，放手使用，做到有职有权有责；调整用非所学，做到人尽其才，才尽其用；努力改善他们的工作条件和生活条件。在这一年里，经党中央批准，教育部在北京召开了全国教育工作会议，并进行中小学教育改革，规定全日制中小学学制为十年，中学五年，小学五年。在这一年里，恢复了被撤销的中国人民大学，也恢复了高校教师的职称评定工作，选派留学人员出国学习，接受华侨学生回国和港澳学生到内地报考高等学校，中国科技大学破格录取少年班学生。也就在这一年，高考试卷在"文革"结束恢复高考后首次采用全国统一命题的方式。

1978年的春天，是我国科教界的春天，也是我人生的春天。曾经考虑如何去广阔天地作为一番的设想，被恢复高考的现实彻底推翻了，我和同学们都认真学习，去迎接高考的到来。特别是中国科技大学少年班的招生，给所在中学的领导触动很大。作为全省对外宾开放的一所知名中学，也应该将优秀的学子尽早送入大学去深造。经过学校讨论研究，决定从高一选派少数同学直接编入高二班级，与高二同学一起学习，提前参加高考，我有幸成为其中的一员。复习备考的时间并不长，前后约三个月。因为是复习，没有多少新课，高二课程还没有学的部分我也不想去学了，觉得把以前学的内容巩固一下、融会贯通就可以了，反正今年只是去探探路，考个什么结果无所谓，明年还有机会。我当时的心态极其平常，心情很放松，按部就班地进行学习，没有一点紧张、焦虑的现象，也可能这种心态对高考时正常发挥起到了积极的作用。

10月是收获的季节，我获得了几个月集训学习的丰硕成果——南京工学院土木工程系的录取通知书。全家人非常高兴，老师、同学、邻居都向我表示祝贺，我一方面向他们表示感谢，一方面在心里默默地为所录取的专业感到遗憾。

父母考虑到我独自一个人出远门，有点不放心，一边给我准备行装，一边打听有没有武汉去南京工学院报到的新生，没想到还真找到一个熟人的小孩，年龄跟我差不多，我们约好了出发时间一起去学校报到。真是无巧不成书，在我们去办理行李托运时，又遇到几个武汉去南京工学院报到的新生在托运行李，大家见面都觉得十分亲切，我们武汉赴南京工学院的"报到小分队"已扩大至8人。

那时武汉到南京还没有直达火车，因为行李较多，我们选择乘轮船前往，几个人买的都是加快船票。10月14日上午11点，我们几个武汉老乡在各自家人的陪同下来到了武汉码头，家长们都叮嘱孩子要注意安全、注意身体、好好学习等等。经过短暂的告别，我们登上了客船，把所有船票交给一个老乡，由他去集中换舱位，这样大家可以在同一个船舱。中午12点，随着汽笛"呜"的一声长鸣，"东方红"号轮船徐徐地离开码头。我们在甲板上向亲人们挥手告别，就这样离开了父母，离开了家乡，远赴一个向往而陌生的城市——南京。

旅途是愉快和兴奋的，大部分老乡是第一次离开父母出远门，一路上大家谈笑风生，叽叽喳喳地说个不停，楼上楼下不停走动，除观看沿岸的风景外，还交流各自在中学学习和高考的过程、家庭情况、今后的打算。也许大家白天活动量太大，不到晚上10点钟，大家就躺在床上准备睡觉。我独自一个人来到甲板上，瑟瑟秋风带着丝丝凉意，满天的星星眨闪着眼睛，好一个秋高气爽的夜晚。而我却无心欣赏，眼里看着江上的点点渔火和沿岸时有时无的灯光，心里还在为专业的事纠结。

说是加快船，其实还是在长江上航行了28个小时。第二天下午4点，我们才到达了南京下关码头。接待的老师告诉我们，行李要批量运送，一时半会拿不到，接学生的车也刚走，需要等下一批。我们几个小伙商量一下，决定自己乘公交车直接去学校报到，在询问了交通路线后，我们步行到了31路电车起点站，用带有武汉口音的普通话购买了车票，沿途欣赏着南京绿树成荫的大路，整洁而秀丽，也看到了山西路广场和鼓楼广场的繁荣景象。经过近1个小时的车程到达鸡鸣寺，我们下车，去学校办理了报到手续。

宿舍分配在文昌桥的五舍，是一栋二层楼的老房子，我们在一楼，一间宿舍住8个人，全部为上下铺。已到的同学对各自的铺位进行打扫，然后整理行李。我也打扫了铺位及桌椅，但无法整理行李，跑了2次接待站，老师告诉我行李还没到，那时的通信也不方便，无法知道行李到底什么时候能到。一直到晚上宿舍要熄灯了，我的行李还没到，没办法，只好与同宿舍的同学一起挤了一个晚上，度过了我大学生活的第一个夜晚。

我从小在南方长大，吃惯了米饭，对长期食用面食不适应。在那个计划经济的时代，食物每月定量供应，而且听说北方要搭配一定数量的面食，所以我的志愿就报了上海、南京、广州、武汉四个城市。至于专业，其实我填报的是自控、无线电等热门专业，没想到录取到了土木工程，心中还有些不快，曾考虑放弃，等第二年高二毕业再考一次，但时任中学校长的袁老师语重心长地给我做工作，告诉我南京工学院是一所很不错的学校，历史悠久，土木工程系也是在全国很有影响的，建议不要放弃。我是怀着一种不甘心的心情踏上去学校报到的征程。等毕业后回武汉参加原中央大学、南京大学、南京工学院武汉校友联合会时，才获悉袁校长是原中央大学的老学长，也才慢慢品味出他给我做工作时流露的对母校的感恩、赞美和思念之情。

开学了，同学们都把精力放在学习上，而我却陷入了徘徊、犹豫和矛盾中，思想上进行着是否向领导提出换专业申请的激烈斗争。那时的学校管理是不允许换专业，不换专业心存不甘，申请换专业得不到批准的概率很大，而且会产生负面影响，对自己在学校的发展不利。经过几天的考虑，我决定还是进行一次努力，向领导提出申请。我拿着一位中学同学的家长写给时任土木工程系主任林老师的便条，向林主任说明了我的想法。林主任了解情况后并没有给我严厉的批评，而是告诉我"一个专业好不好，十年后才知道"，并给我介绍学校及土木专业的历史以及国家在今后几十年的发展过程中，土木专业将起到极其重要的作用。通过这次谈话，我对土木工程系有了较深的了解，徐百川、丁大钧等教授也逐步在脑海中有了印象，明白了每个人可适应的专业会有所不同，具有中学物理力学的优势及电磁的劣势可能将使我在学土木工程上会有更好的发展。由此，我从心理上接受了"老土"专业，真正从思想上进入了土木工程系，开始了我长达近40年的土木年华。

2018年6月5日于武汉

23.
偶然的机会让我有幸遇见你们
——写在南京工学院 5178 同学相识 40 年之际

5178132 马建明

接到同学相识 40 年聚会通知时，我突然明白了中学里学到的毛主席诗词"三十八年过去，弹指一挥间"。而孩提时代的我百思不得其解，我在课堂上悄悄弹了几十次手指，还是没有听到下课的铃声。今天再回首，真是弹指一挥间啊！40 年前，复习、迎考、报名、高考、体检、填报志愿、录取通知、报到入学等改变我人生轨迹的关键瞬间，一一浮现在眼前。

1976 年秋天，14 岁的我离家到镇上的平潮中学上高中。高一刚入学先是防震，露天上课；接下来是毛主席逝世，举国哀悼；然后是粉碎"四人帮"，庆祝游行、声讨批判，懵懵懂懂中一年很快就过去了。1977 年高二时，已经有了恢复高考的风声，学校将高二年级分了文理科班，理科还分了快慢班，我因为数理化成绩好，分到理科的快班。学校为理科快班配了最强的教师阵容。在那个百废待兴的年代，被批判、被压抑了将近十年的老师们迸发了极高的教学热情，他们自己找资料，自己刻钢板，自己动手油印，将各种复习资料发给同学们。老师们抢着为我们补课，恨不得把所有的知识一股脑地灌输给我们。为了跳出农门，我十分珍惜来之不易的高考机会，如饥似渴地学习。上课认真听，习题反复做，教室灯关了到宿舍看书，宿舍灯关了到走廊看书。那时最让我苦恼的是饥饿，对于十四五岁正长身体的我来说，每天一斤粮加五分钱的伙食是无论如何也满足不了营养需求的。晚上一碗稀饭撑不到 9 点就饥肠辘辘，我只好先到教室外面转一圈，等饿的感觉没有了再回教室看书。那时最让我兴奋的是考试，尤其是考数理化。记得有次数学单元测试，考的是平面几何，大多是证明题。为了防止作弊，一张试卷分 AB 两套题，规定奇数组做 A 套题，偶数组做 B 套题。我的 B 套题很快就做完了，看到左右对 A 套题在苦思冥想，又试着做了 A 套题。这次测试，全班有不少同学不及格，我得了 100 加 99 分，年少气盛不懂山外有山，在小天地里做个"鸡头"就嘚瑟。

1977 年高考，我作为成绩比较突出的高中在读学生，由学校推荐参加了预考，因为"文革"期间的小学、初中我们学工、学农、学军就是没有学到多少文化知识，所以考得不好是意料之中的。有趣的是，有道填空题考党的基本路线，当时考场教室黑板的上方就张贴着，而我竟然没有发现，出了考场听同学们说起，那个后悔啊。

1978 年夏天，我再次参加高考，经过高二的突击恶补，心里踏实了许多，比较从容地走进考场。数学考得还行，物理考试交卷后，老师和同学们来问我一道涉及磁场和力学的综合题有没有做出来，我把答题思路和答案说了后，老师惊喜地说，你这道题答对了等于一只脚踏进了大学校门。化学考题比较容易，我得了 97 分，而语文只考了 51 分，以至于到今天我一直怕写文章。当年英语不计入总分仅作为参考分数，我的英语特别差，只做了选择题，竟然蒙到了 32 分，比我的英语老师还多了几分，刚刚恢复高考时老师和学生同一个考场参加高考也是一道风景。关于我的高考，还有个小故事在平潮中学流传了多年。40 年前，学生一般是没有手表的，家长有手表的也不多，进考场前，我的物理老师悄悄地把他心爱的手表借给了我。后来老师的这块手表，每年都借给成绩最好的学生，而戴了这块表的考生都无一例外地成了学校的高考状元，"手表"的故事就这样流传开了。在那个纯真年代，老师对学生就像对自己孩子一样亲。

"你是农村孩子，首先考虑的是能录取转成城镇户口"，在选择学校和专业填报志愿的时候，还是我的物理老师为我操心。他建议我第一志愿报南京工学院自动控制专业，这是理想的目标；第二志愿报南京工学院土木工程系工业与民用建筑专业，这是保底的专业。当时我的老师认为自动控制是高端技术，而土木工程是"粗活"，录取分数线会低些，到今天，我也不知道当年这两个专业的录取分数线哪个高些。而结果是，我被"保底"的工业与民用建筑专业录取了，成为土木人。

　　"你应该叫我叔叔，因为我比你大将近一倍"，不知道胡琴克同学是否记得入学时对我说的话。胡大哥是 1947 年的，我是 1962 年的，叫他叔叔一点不过分。我因为年龄小，得到了同学们很多的关心和帮助，一直铭记在心。报到第一天，因为托运行李没有到，挤在徐学鸣的被窝里睡了一宿；因为林卫宁大哥的慷慨，我第一次摸到了照相机；因为洪新民大哥的大度，我把他的裤子熨坏了没有要我赔；还有方恬大哥，每个月都盼他来敲门，他会认真负责地把助学金、粮票和各种购物券送来。毕业工作了，有困难还是找同学，施工技术问题找过郭正兴，结构设计问题找过张其林，矛盾协调找过孙国建，施工图审查忙不过来找过纪苏，抗震问题咨询找过狄载君……

　　"你是新分配来的大学生？来，跟我走"。1982 年毕业的时候大学生非常抢手，我被分配到南通地区基本建设局上班第一天，局里的杜工就带我去参加工程竣工验收。1983 年 11 月，见习期刚满，我被派到科威特参与 518 住宅项目建设。1980 年代初，出国也是件了不得的事，政审、体检、外事教育、发服装费做西服才出得去。出去的待遇今天看来没有任何吸引力，也就是每个月发 78 元人民币补贴以 1.8 的汇率换算成美元兑现，但是，那时我们的月工资只有 54 元，更何况出国工作每三个月可以有一个免税进口大件电器指标。当然，最主要的收获是在科威特的两年工地实践中，学到了课本上学不到的现场施工技术。

我在国外工作期间，我的原单位经历了地市合并和政企分开，回国时已更名为南通市建筑工程管理局。或许因为技术人才短缺，或许因为"止于至善"校训熏陶的缘故，组织上用人时常常会想到我这个南京工学院（现更名为东南大学）毕业生。我参与组建了南通市建筑工程质量检测中心，任检测中心第一任主任。南通市申办江苏省第十六届省运会，需要建一个开闭式体育场，点将时自然就点到了我，我利用专业知识和管理经验做好市领导的参谋和助手，建成了我国第一个开闭式体育场，业界称为南鸟巢，该工程获得了鲁班奖。2013年我任南通城乡建设局局长，在南通快速路网建设、绿地系统建设、区域供水系统建设等方面做了一些事。南通建筑业也一直保持龙头地位，年总产值达7 800亿元，特级资质企业有20家，获鲁班奖100个，这些都让我感到欣慰。

2017年7月，在我退休倒计时五年时，组织上把我调到了南通科技职业学院任党委书记。在到任表态讲话时我说，40年前，感谢邓小平恢复高考制度，让我走进大学成为一名大学生。今天，我要感谢组织，再次让我走进大学，我要像我的母校教我做人做事培养了我的专业能力和专业精神一样，教育培养好南通科技职业学院的每一位学生。

我成为土木人是个偶然，遇见同学们是我的幸运。我珍惜40年的土木年华，更期待明天。

2018.5.30 于南通科技职业学院

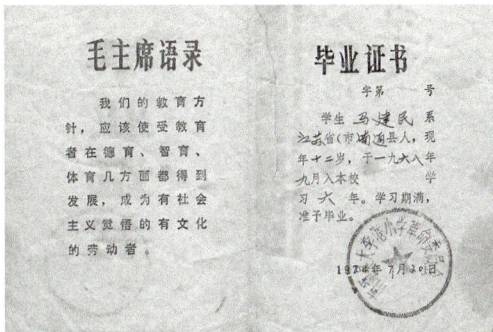

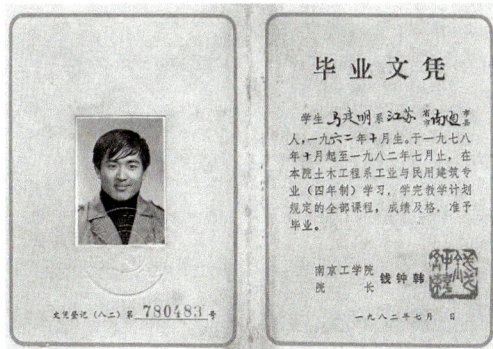

24.
南工土木年华

5178135 王丽华

报到

首先要感谢党和邓小平同志。1978年改革开放恢复高考，使我们这批有志青年有机会参加高考，并以约7%的录取率顺利进入南京工学院这所知名学府学习。

记得1978年10月15日，父亲帮我拿着行李送到南京工学院的大门口说："你已经是大学生了，就送到这吧"，转身走了。我一个人左手拿着被子，右手拎着脸盆等用品，身上背着书包径直走入了南京工学院的校门，刚进门口就有几个工农兵学员大哥面带微笑走过来问："你是新生报到吗？"他们非常热心地帮忙接过行李，帮助我顺利地注册报到，并用三轮车搭着我和行李一直送到沙塘园九舍。虽然远离了父母、离开家，但学长们热心的帮助使我感到非常温馨，南京工学院成了我新的、温暖的家。

南工姐妹

1978年工业与民用建筑专业新生78人，可女同学只有6人，道桥专业也仅欧阳晓芒一个女生，经申请欧阳同学顺利地转入工业与民用建筑专业，成为第七名女生。工业与民用建筑专业"七仙女"搭建完成，而道桥专业成了"和尚"专业。

话说三个女人一台戏，我们"七仙女"那还了得，江西美女欧阳晓芒是典型奇才，原是初中学历的她算是跳级考入南京工学院，而且文武双全，是校武术队员，舞刀、弄枪一身武功；河北的邵俊华是校园歌后，一曲《幸福不是毛毛雨》唱碎了多少男生的心；杭州美女李宇进是围棋高手，据说与国手是同学；吴建华、梅建芬号称"江南美女学霸"；盐城秀女吉同宁，有一位言传身教的教师父亲，四个子女都考取学校读书；我嘛，是为学校争光的田径运动员，曾获得江苏省高校跳远第一名、4×100米接力赛第一名，校篮球队主力队员，还是舞蹈队的主要演员之一，表演的新疆舞"塔里木之夜"曾获得全国高校电视文艺汇演三等奖，是个实实在在的文艺小青年。同时也曾获得三好学生，并经选拔参加了校组织的优秀学生青岛、崂山夏令营活动，与全校优秀学生欢聚一堂，共度大学的美好时光。回想四年的大学生活是丰富多彩的，不仅学习了扎实的文化知识和学习方法，关键还树立了正确的人生观、世界观，即南京工学院人老老实实做人、踏踏实实做事、求真务实、吃苦耐劳、追求完美的崇高精神。

土木金融

大学毕业后，我被分配到江苏省人民银行工作，拿到报到介绍信，心里很是忐忑。我一个学工业与民用建筑专业的到银行干吗？报到后，分配在工商信贷部工作，主要负责基建贷款项目的审查与审批。入行后，方才知道世界之宏大、社会之宽泛，土木专业可以渗透到各个领域和行业。

曾记得有幸去连云港审查项目设计，竟然遇到吴曙球同学为其设计的工业厂房方案。我们从不同角度共同探讨、审查方案，共同修改、完善方案，异地偶遇大学同学，为同一个目标推进项目，这是多么让人倍感亲切。

进入银行工作，我从一名信贷员成长为科长、处长、行长。回顾30多年的银行工作，充分发挥了专业特长，同时注重跨界发展，通过自己的努力和单位的培养，先后就学清华大学、南京大学、南京农业大学等多所高校，系统学习工商管理、经济管理、金融学等理论知识并运用在工作中。先后参与了仪征化纤厂、徐州电厂、金陵石化炼油厂、华晶电子厂、华东电子厂、熊猫电子厂、化肥厂等多行业基建项目，技术改造了100多个项目的设计方案概、预、决算审查及项目评估等工作，为国家建设做出了应有的贡献，付出的努力也得到单位和社会的认可。曾先后多次被评为先进工作者、江苏省技术改造工作能手称号，并在大众证券报社、南京金融学会、人民银行南京分行大众投票评选为"2010年最佳银行职业经理人"。

　　40年前有幸与土木结缘，土木造就人才，尤其是造就了我们这一批1978年入校的佼佼者。感谢老师的教育培养，感谢同学们的关心帮助，感恩亲爱的母校，我爱您——让我流连忘返的南京工学院！

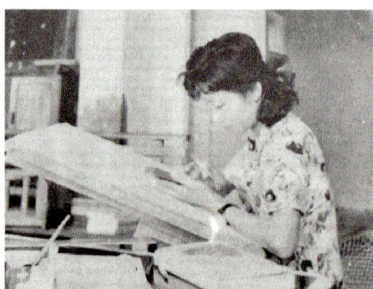

25.
南工大礼堂，唱响《军港之夜》

5178137 邵俊华

当我写下这个标题的时候，思绪一下就飞回到了母校那美丽的校园，雄伟的大礼堂也立即浮现在眼前。

40 年前的 1978 年金秋十月，在我 18 岁生日的那一天，我带着满心的喜悦，来到了梦寐以求的大学——南京工学院土木工程系，成为一个名副其实的大学生，从此与土木结缘，也与 5178 班的全体同学结下了深厚的情谊。

四年的大学生活，有太多值得回忆、永远铭刻在心里的人和事。这其中，有一件事是我学生时代、青春时代的美好记忆，也是我们 5178 班乃至土木系同学们共同的美好记忆，它就是唱响南京工学院大礼堂的校园经典《军港之夜》。

如果说苏小明由《军港之夜》而成为一代歌星，那么由吴曙球同学改编创作的男生伴唱版的《军港之夜》，使得醇厚的女中音在男生的伴唱下烘托出的朝霞、海浪、水兵、战舰更加入境入画，也让我一曲"成名"，《军港之夜》成了我在南京工学院的一张闪亮名片。

《军港之夜》的成功改编创作，8 人乐队的组成，强大阵容男生伴唱演出形式确定，是吴曙球同学从 6 岁开始学小提琴，到大学还一直坚持而积累的艺术精华的成功体现，是在原唱基础上的大胆尝试和艺术升华。

站在我身后伴唱的男同学们，你们也一定不会忘记，给女中音作伴唱所受的"折磨"和"压抑"吧？也不会忘记比赛前最后排练的那个晚上吧？当我们听完最后一遍录音的时候，我们简直不敢相信自己的耳朵，太棒了、太完美了。吴曙球坚定而自豪地说，明天的冠军一定是我们的了！

大礼堂内座无虚席，过道也站满了同学，土木工程系的全体同学们到场助威、呐喊！

"五系加油，邵俊华加油"，我站在舞台中央听得真真切切，大礼堂内雷鸣般的掌声，而今想起，仿佛就在耳边。那掌声不仅来自五系，而是来自南京工学院各个系的同学，这就是南工学子，他们会为一切美好喝彩。

同学们记住了我的歌声，我也永远记住了大礼堂的掌声，南京工学院的舞台成就了我的自信和胆略，也让我懂得了一切亮丽光鲜成功的背后，都要付出艰苦而不懈的努力。母校的培养和工作中的磨炼，让我从一个被同学们亲切地称为"小家伙"的小女生，在"中国建筑"这个工程施工的大舞台上，展现出了巾帼不让须眉的风采。

我们从青春年少，现已到两鬓斑白，相识40载。在人生路上，我们有过成功，也遇到过困难，甚至经历挫折。但我始终充满自信，因为我们是南工学子，我们严谨务实，敢于担当，勇于承担时代使命，自强不息，相互支持，相互激励，对此我体会颇深。

2003年国企改制，我的人生经历重大转折和挑战，是最尊敬、最信赖、最无私的同学们的无条件的帮助和支持，让我感到永远不孤独，让我感到我的同学们始终站在我的身后，所以，我感叹与土木结缘、与同学们结缘是我一生最大的幸运。

谨借此文感谢培养我成长的南京工学院，感谢同学们在学校四年的陪伴与呵护，感谢相识40年以来同学们的关心和帮助。

另附：

2018年金秋十月，我们将再聚首母校，让我们再次唱响《军港之夜》，让我们不忘初心，继续追求。《幸福不是毛毛雨》，不会自己从天上掉下来，人生下半场，夕阳无限好，我们充满自信，敢与《西班牙女郎》媲美。《假如你要认识我》，请金秋十月来东南大学大礼堂前相聚，共同分享相识40年的真情和喜悦，《打起手鼓唱起歌》《众手浇开幸福花》。

备注：所列歌名均为我在南京工学院大礼堂的舞台上演唱的歌曲，《西班牙女郎》是院文工团女生小合唱。

2018年6月1日于北京

邵俊华同学演唱《军港之夜》

26.
坐"二等"去报到

5178137 邵俊华

1982年7月毕业分配按照当时"哪来哪去"的基本分配原则，即从哪个省考上大学，毕业以后原则上就要回到原来的省份。除非分配名额有限，比如江苏省同学很多，所以，有些同学被分到北京、天津、大连、武汉等等。我和安江民属于河北省考生，所以，被分配到了总部在河北唐山丰润县的国家建筑工程总局第二工程局。

1982年8月25日，我和安江民从北京出发，踏上了去河北唐山丰润县的火车，前往国家建筑工程总局第二工程局报到。我们的报到证有些特别，在乘车路线一行特意注明了"下火车后无公共汽车，直接搭乘自行车，可携带行李包一个，费用每人0.5元"。

众所周知，丰润县隶属唐山市，是1976年7月28日唐山大地震时的重灾区。我们也深知地震虽然已过去了6年，但丰润还处于地震后重建的时期，所以，自拿到报到证开始，从心理上就不断地排解恐慌和精神压力，参加过唐山大地震抗震救灾的父亲也不断安慰和鼓励我。可是当我们下火车后，所呈现在眼前"悲惨世界"一样的景象，还是让我们完全崩溃了。到处还都是抗震棚、简易房，道路也在建设中，砖头瓦块满大街都是，尘土飞扬。而所谓的自行车，是农民伯伯自己焊的钢管车架子，超级大，比28加重还大，后车架侧面还有个可翻叠的行李支架，就是被当地俗称为"二等"的自行车。面对此景，我再也无法控制，眼泪刷地一下就下来了，站在火车站门口不肯走。安江民也一直沉默着，过了许久，安江民说："既然来了，还是去报到吧！"

在那个年代，是不能不服从分配，更不能当逃兵的，不管自已有天大的不情愿，也无论环境有多么艰苦，服从国家分配忠贞不贰，国家的利益、国家的需要永远是第一位的，这也是我们这一代人的崇高所在。而且，南京工学院的四年教育和培养，也使我们更加懂得我们所肩负的国家建设的使命。

就这样，我和安江民叫了两辆"二等"自行车，到国家建筑工程总局第二工程局（现为中国建筑第二工程局有限公司）报到，成为"南征北战的铁军"中的一员。

后记：

机缘巧合，在二局的二次分配时，我被分到了二局在北京的二局一公司，从见习工长、技术员、预算员，逐步被培养成了公司总经济师，直至 2015 年 10 月在中国建筑第二工程局第一建筑工程有限公司光荣退休。

安江民同学被分配在二局中专学校担任建筑学、钢筋混凝土结构的专业老师。几年后，被调去二局在广东的大亚湾核电站项目做技术工作。1980 年代后期，去了澳大利亚留学。

2002 年安江民参加了毕业 20 年的同学聚会，之后在北京见过两次，其生意做得不错，在河北某地还开了加工厂。如今一晃又十几年过去了，甚是想念。

2018 年金秋十月，5178 班相识 40 年大聚会前的精心筹备，凸显了同学之间的深情厚谊，对多年不见的同学更是惦念。王丽华同学还特意在东南大学海外的微信群让校友们帮忙寻找安江民和黄文建两位同学的消息，很多校友协助寻找，更是让人感动。

安江民、黄文建两位同学，5178 班的同学们盼望你们早日归队！

2018 年 6 月 11 日于北京

27.
兄长一样的同学情

5178137 邵俊华

同学情,用任何语言、任何词汇描述都显得苍白,一切的过往,都已经深深地、深深地刻在了心里,永远不会忘记。

四年同窗,在一生中不算长,但它记录的是我们至纯至真的情谊,王庆海同学是我们四年中经常在一起似兄长一样的同学。

在阔别了 30 多年后的今天,我们南京工学院 5178 班同学们,又在祖国首都的香山脚下相聚了。

30 多年弹指一挥间,昔日紫金山下玄武湖畔风华正茂的同学们,今日聚首于北京香山下已是两鬓白发。延续至今的友情、真情、热情让人兴奋不已、感动至深!在这激动人心的欢聚时刻,向本次聚会的倡议者、组织者以及筹备委员会的同学们致以深深的谢意!面对你们,我的感激之情无以言表,只能向你们说一声:辛苦了!如果没有你们的热心倡议、辛勤筹备、周密安排,我们这些身在东西南北、相距千里的同学,是难以在阔别 30 多年之际,又再次相聚,再次向你们表示诚挚的谢意!向参与本次聚会的全体同学及家属致以亲切的问候!

记得当年初入校门的我们,是多么青涩和纯真,母校的四年里渴求知识的表情写在每一个同学的脸上;操场上,获奖后辛勤的汗水仍在同学们头上流淌;食堂里,加塞的目的只为买一盘干切香肠;寝室旁,侃大山的我们熄灯后仍然不肯上床。四年的时光,我们在收获知识的同时也收获了友谊,紫金山的草地留下过我们成长的足迹,玄武湖的月光见证过我们顽皮的畅想。正是这一点一滴的记忆,将过去的时光在我们眼前回放。

30 多年后的今天,有的同学历经艰辛,沉浮于宦海仕途,终于崭露头角，事业有成；有的同学淡泊名利，默默无闻，过着平静生活；有的同学随着社会改革的浪潮，投身商海，充当了商海的弄潮儿，靠自己的勤奋、智慧发家致富；有的同学已提前退休，赋闲在家，开始安度"晚年"。

30 多年风霜雨雪的洗涤与沧桑岁月的磨砺，使我们更深刻地体会到，同学的情最真，同学的意最浓，同学的爱最无私。30 多年来，我们虽然各奔东西，聚少离多，有的甚至失去联系，但是，我们始终惦记着同学之间的真挚与祝福。无私的师生情和诚挚的同学谊，恰如陈年老酒，历久弥香；彼此的思念和相聚的期盼，始终是深藏心底的一份牵挂！

今天晚上，让我们怀着一颗感恩的心，珍惜所拥有的美好，忘记生活中的一切烦恼和不快，抛弃工作中的繁忙和不顺，尽情地欢歌起舞吧！祝我们的明天更美好！

在 5178 班相识 40 年同学聚会前，谨以此文怀念王庆海同学！

2018 年 6 月 19 日于北京

28.
我的高考故事

5178138 欧阳晓芒

　　1971年15岁的我刚初中毕业就进工厂学徒，三年后出师成为一名车工。业余爱好是阅读。每天下班后学习两三个小时，并用小本子记录每天的学习时间用于自律。学习范围除与工作有关的机械制图、刀具研磨，还有数学、物理、历史、心理学等，另外也看了许多杂书，甚至中医学，但是中医理论太深奥，没学进去。学习动机并非为考大学，因为"文革"时期中断了高考，也没什么远大志向，只是为今后自立于世，不必依靠别人而学习。

　　我父亲曾经在市委宣传部工作，他告诉过我，说是自从有了你们兄妹几个，就决定去基层工作，因为写文章风险太大，容易犯错误。他是担心犯了错误会影响子女。父亲后来到某厂当头头，报告、讲稿类都亲自写，不用人代劳。有一天我看见桌上有一篇父亲的文稿，看到有什么"最最最敬爱的……"文句，就不知天高地厚地批评起来，说，"'最'就是形容到了极点，用一个'最'就够了，用三个'最'成病句了！"父亲听罢，微微一笑，温和地说了句"女呀，你不懂，不这么写会犯错误的"。啊？犹如棒喝！事后想想，我所言乃行文常识，父亲岂能不知！红楼梦中有句话"世事洞明皆学问，人情练达即文章"，父亲于云淡风轻之间，把这种书上没有的学问教给了我（感恩父亲！）。

　　有一年，父亲的厂里出了一桩轰动一时的命案，案件尚未明朗之前，父亲压力很大，晚上下了班回家还会琢磨案子。因为开头只是一名工人失踪，并不知人已经被杀害，想着先不报警，厂里先找人，几天之后，找到杀人第一现场及可能的埋尸地点才报警。案件终于成功告破，所有人都松了一口气，父亲还不能放松，

125

说是还得写报告呢！我想到父亲这段时间很辛苦，就自告奋勇替父捉刀，当晚动笔，从被害人之子到厂部报告其父失踪，厂里如何找人，到发现可疑的藏尸地点，种种细节，层层推理，一直写到深夜，写了满满好几页，一气呵成。第二天一大早交差，父女俩就各上各的班去了。晚上下班回家，听到在隔壁房间，母亲问父亲，女替你写的报告能用吗？听见父亲连声称赞，说后面还写了段总结，总结也写得好，并且简略复述了几句我所用的文句给母亲听。我知道这是父亲的肯定而不只是鼓励。从此只有初中学历的我也变得自信起来了。

1977 年恢复高考，听说未获取高中毕业文凭的人可以以同等学历报考！（感谢共产党，感恩邓小平！）我和厂里十几名青工一起到厂政工科报名，厂里代理所有报名手续，备考期间必须坚持上班，考试期间给事假。

我曾就考理工科还是考文科征求过父亲的意见，他的意见很妙，只有一句话："理工科你又考不上！"我心领神会，决定放弃自己略有优势的文科而备考理工。但是 1977 年底我高考失利，自己反省一下，问题在政治和化学。由于没学过，题都读不懂，更别说答题了。于是托人买来了初中、高中化学教科书，零起点学化学。我看到初、高中化学书厚厚的一叠，心里盘算了一番，至少要看五遍才行，但是白天照常上班，晚上学习时间加长到四小时，也还是来不及。再三考虑后，终于想到了一个好办法：通读一遍，边看边把重点记录下来，就是"把厚书读薄"，然后，薄的书当然来得及多读几遍。方案定下，马上实施。记得通读用了较长时间，要读懂，做笔记，还要做书后边的习题。碰到问题怎么解决？此前自学数学和物理，花了好长时间，马拉松式，碰到不懂的问题就是"书读千遍，其义自见"。据我的经验，十几遍之内可解决大部分问题。可此前学数学、物理没有时间压力，而学化学有很大的时间压力，我当然很担心。后来发现，化学的自学出乎意料地顺利，有如神助。通读完成，习题完成，笔记也完成了。剩下的时间反复温习笔记，临考之前，记录了化学所有要点的那本笔记，熟到可以背下来了。这本笔记被我留下来了。

我母亲1970年代在某厂厂部当一名政工干部。母亲思维敏捷，且写得一手漂亮的钢笔行书。因她能干敬业，一人身兼数职。最令母亲骄傲的事就是她调离后，厂里竟用了三个人来替代她。母亲提供了一本政治学习资料给我（感恩母亲！），我看就薄薄的一本，决定全背下来。后来高考结束，公布分数，看到政治这科竟考了90分（满分100分），吃了一惊，因为没有教科书及其他相关资料，说明母亲选中的这本资料几乎涵盖了政治这科所有要点，可见母亲的职业素养了得！（礼敬母亲！）

我姑姑是高中数学老师，我常于厂休日去她家，每次去，她都会让我做一份数学试卷，然后阅卷辅导我。有一次她指着我写在卷子上那个"*l*"，问这是什么，我答道："L，小写的L"，她立即提笔示范，告诉我说，小写的"*l*"手写是这样子的，然后叹道："可怜你没人教，没见过老师板书，所以连小写的L也不会写！"言毕姑侄俩相视而笑。

高考前不久，姑姑拿一叠作文范文给我，吩咐我背下，说是别人都背，你不背就吃亏了。我当即婉拒了姑姑操心替我收集的资料，因为语文是我高考中唯一不担心的科目，语文教材及其他辅导资料都不需要了，但是姑姑为我好的这份心，令我十分感动（感恩姑姑！）。经过这番调整，1978年夏季高考总算是成功了，以高于重点院校录取分数线20多分的成绩被南京工学院录取。

大学生活有很多值得记录的片段，考虑到篇幅，就略过不述。主要是想突出一下作为同等学力报考大学的个案，写了高考这一段。借此机会感恩所有教过我们的老师以及所有为我们服务过的教职员工！

　　1982 年大学毕业后的工作经历也简单介绍一下，毕业后分配到南昌市建筑设计院工作，从事建筑结构设计，两年后调入苏州市市政设计室工作，1991 年调入苏州市建设工程质量监督站工作直至 2011 年退休。在质量监督站工作历任科长、副站长、副站长主持工作、副站长兼总工程师等职务。最大业绩只是没出什么大事。平庸是肯定的，可并不遗憾，因为我已经尽力了。最后，感谢所有在工作中给予我指导、支持、帮助和协助的领导、同事和朋友。

2018 年 5 月

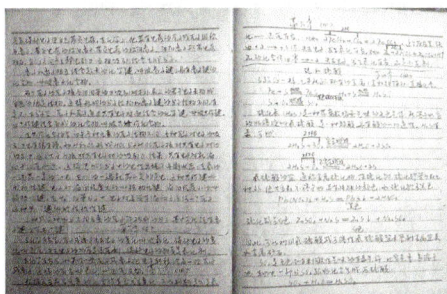

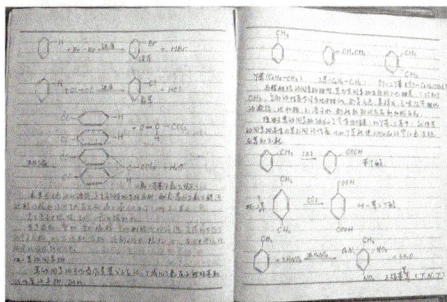

29.
忆吕志涛老师

5178202 肖仲伟

日前，因我区重点政协提案办理事宜，我和一些同事有机会赴浙江新昌达利丝绸工业园学习如何进一步传承和发展优秀传统丝绸文化。考察途中，当路过新昌中学时，陪同的新昌政协领导情不自禁地向我们介绍从新昌中学走出去的尉健行等一些杰出英才，特别提到了新昌中学校友吕志涛。在对新昌中学深深注目以示敬意的同时，也一下子勾起了我对母校吕志涛老师深深的追忆。

诚如柴静在一文中所写的那样，有些人的灵魂，那不动声色的善良，会让你记得一辈子。而吕老师对于我，正是如此。

有幸认识吕老师，已经是大四下半学期（1982年4月）开始毕业设计、准备毕业论文时。根据安排，马健、朱忠益同学和我编入一组，参与大跨度部分预应力混凝土框架张拉阶段和使用阶段足尺中间试验工作，指导老师正是吕志涛老师（当时他是土木工程系工业与民用建筑教研组讲师）。

初次见面，吕老师给我的第一印象是特别儒雅、朴素、随和、精练，在简单了解了我们一些学习、生活情况后，就和我们交代毕业设计任务。当时，伴随着改革开放步伐和建设发展的加快，如何在高层和大跨度建筑中应用预应力技术，以努力实现经济、节约、节能，是摆在工业与民用建筑学科面前的一项重要课题。吕老师认为，为了赶超国际先进水平，必须尽快建立健全相关技术规范，而这方面南京工学院理应多做贡献。为此，南京工学院和上海纺织建筑工程公司、上海工业建筑设计院合作，拟在上海纺织四厂六层大跨度厂房建设中尝试应用这一技术。前期已进行了模拟梁设计制作、模拟梁张拉阶段试验、模拟梁荷载试验，在此基础上，将进行大跨度部分预应力混凝土框架张拉阶段和使用阶段足尺中间试验，以做最后的技术数据收集和论证。吕老师虽然言语不多，但让我对开展大跨度部分预应力混凝土框架试验任务的目的、意义有了清晰的了解和认识，也让我对他在预应力学科上的殷殷担当肃然起敬。

中试工作正式开始后，和吕老师接触就逐渐多了起来，记忆中两方面特别深刻。

一个方面是他做事严谨严格。中试工作时间长、环节多，为此他进行了严密的计划安排，每个阶段要我们做的工作，尽管有的比较简单，但不论哪个环节、细节，都逐一认真交代。现场工作时，他会一改平时的和蔼，非常严肃专注。从电阻片、压力表等测量仪表的放置，到应力应变、裂缝挠度的测录整理，他都会现场指导。尔后让我们马上学习，发现问题及时纠正，平时还会经常现场检查。记得有一次单独安放一个仪表时，我觉得比较简单，没有认真按方法放置好，吕老师检查发现后，让我站在一旁，自己动手重新安放，神情非常严峻。虽然没有直接批评，但我感到比批评更难受，印象也更深刻。他常说，做工作千万不能马虎，做科研工作更不能有一丝疏忽。

另一方面是他对人的谦和关心。中试工地现场，从合作单位的领导，到具体操作的工人师傅，吕老师都十分尊重，丝毫没有一个大学老师的派头。他常说，一件事要做好，要靠大家的共同努力。每个人分工不同，但每个岗位都很重要。正是基于这样的理念和方法，整个中试过程中，现场氛围非常和谐，参与合作的各方和每个工作人员都十分尽力。对于我们三位学生，吕老师更是关怀备至。尽管现场生活条件简陋，但吕老师都亲力亲为，帮我们做了妥善安排。而他只要到工地，就和我们同吃同住，从没半点特殊。闲时，吕老师也会和我们聊聊家常，讲他的过去，讲他对人生、对世事的看法，通俗朴素的话语中，蕴含了许多做人做事的道理，让我终身受益。

更加让我感动的是，由于毕业设计的师生缘分，毕业后吕老师还经常关心我的学习、工作和生活。1984年吕老师在苏州开会期间，在我白天去看望他后，晚上他又专门到我宿舍探访，主要想了解一下我工作、生活的实际情况，并与我谈了许多工作、生活中需要注意的地方，对我进行了很多的勉励。2001年6月，已是工程院院士的吕老师利用在上海出差的机会，又专门应邀到吴江为建设系统的同志做了一次关于磁悬浮轨道梁系统的技术讲座。同时针对我当时已担任基层领导的工作情况，与我促膝长谈，对我提了许多中肯的意见和要求。他的话语，至今还常常在耳边回响。

一晃成为东南大学（南京工学院）土木人已40年之久。一路走来，每每想到母校各位老师的谆谆教诲和同学的真诚帮助，内心始终充满了感动、感激和感恩！在这中间，一生模范践行"止于至善"校训精神的吕老师对我无疑是印象深刻、影响深远的一位恩师。毕业后，经历了不少岗位，最近10年多，我甚至完全脱离了建设系统。但无论在哪个岗位，吕老师的为人做事，都是我做好工作的一个标杆。回首过往，虽然没有做成什么大事，但每个岗位都能做到尽心、尽力、尽责，也得到了各级的些许肯定，可以说问心无愧，无怨无悔。我想这也是我报答母校、老师的熏陶培育而必须交的一份人生答卷！

东南大学（南京工学院）永远是我心灵的港湾，吕志涛老师永远是我人生中的一位重要导师！

谨以此文敬献给已在天国的吕志涛老师，并作为入学南京工学院40年的纪念。

2018年5月30日

30.
追忆相会 40 年二首

5178204 林然

水龙吟·舍友

七八会聚文昌[1]，

醒山[2]引导心中愿。

鸡鸣[3]旦诵，

中山[4]夜练，

认识实践。

炳梓[5]抽丝，

忠德[6]不倦，

大钧[7]规劝。

秉东南校训，

止于至善，

师谆教，

生穿砚。

毕业于今卅六，

再重逢谊情无断。

立红[8]叱咤，

华生[9]跨越，

仲伟[10]典范。

敝跻七司，

庸为阒寂，

桑榆非晚。

恰同学盛世宏图大展，

舍兄[11]均健！

林然（汪沂）

2018 年 6 月 8 日改

1　校东文昌宿舍区 5 舍。
2　林醒山，时任南京工学院土木工程系党总支书记。
3　鸡鸣寺。
4　中山院。
5　单炳梓，时教结构力学。
6　刘忠德，时教弹性地基梁。
7　丁大钧，时为本人毕业论文导师。

8　蒋立红，同室舍友。
9　李华生，同室舍友。
10　肖仲伟，同室舍友。
11　其余同室舍友：韩欲平、李家伟、曹庆、赵万珂。

幸会

相识道谢邓恩公，
会面文昌五舍红。
卅载风流芳九囿，
年华荏苒刻初衷。
十方共贺青衿荟，
月桂香漂六代松。
聚汇功勋呈母校，
欢声荡漾报泽东。

2018 年 6 月 14 日

31.
我是78级！

5178205 李华生

我是1978年应届高中毕业生，当年春天进行了"文革"后恢复高考的第一场考试即77级，我参加的是夏季的第二场考试被南京工学院录取，史称78级。现在每个孩子的高考经历大多雷同，而当时的我们是十届学生一起高考，每个人的情况千差万别，都有着不一样的故事。

我的家乡在苏北里下河的东台县时堰镇，那是一个鱼米之乡，就读的中学是1956年建校的老完中。当时在校的老师大多是从南京、苏州等地下放的正牌大学生，虽然是偏僻的镇中学，却有较高水平的师资力量。

1970年代，社会虽不如1960年代那样动荡，但是各种政治运动接连不断。从"一打三反"到"批林批孔"，从歌颂"白卷英雄"到"反击右倾翻案风"，反复告诉我们的是知识无用，读书有罪。我整个初中每天只上半天课，还有半天基本都是"学工学农"，课本大多介绍农业基础知识，也就是"三机一泵"和农药化肥之类。一个学期下来，薄薄的课本也就只讲了一半。看着那些老师没教的内容，渴望知识的我常常感到遗憾。1977年年底有一次预考，我身边许多熟悉的人都参加了，这让我们每个人都怀揣着一个大学梦，第一次感觉大学真的离我们很近。我父亲本来是希望我子承父业进银行工作的，但架不住我的软磨硬泡，勉强同意我参加高考，但条件是只能考一次。

1978年春节后进入了复习阶段，说是复习其实基本上就是重新学习，因为很多内容对我来说都是陌生的。数学从因式分解开始，到后面的三角、解析几何……因为时间太紧，无奈只能放弃了几何的复习，幸运的是高考时碰到的几何题我竟然都做对了！物理的力、声、光、电我没有系统学过，从基本概念开始一点点背再慢慢做题。记得有一次借到一本"文革"前的数学教材，我如获至宝！当晚和同学一起花了一夜时间把课本上的所有内容用复写纸抄了下来，我的同学还在复写的书上做了一个封面，封面上画了一条正弦曲线，以示有点科技感。这位有艺术天赋的同学（吴为山）现在成了著名雕塑家、中国国家美术馆馆长。

那半年多的复习时光是我一生中知识增长最快的时期，几乎每天都会为学到新的知识而兴奋。老师们因为刚刚获得的社会存在感而玩命地工作，没有一个人计较个人得失。我们像是一群从荒漠涌到河边的羊群，在老师的带领下尽情地汲取着知识的营养。

当年发生的几个高考花絮如今仍历历在目。

我的考场就在本校，离家近环境熟悉，我的准考证号是180251，进考场时监考老师在门口叫号进教室，看着监考老师依次喊着248、249，眼看下一个就要喊250了，老师似乎是看出了我们的小心思，把250直接喊成二、五、零，好机智呀！有文化就是不一样！我们几个存心不良的同学稍带失落地进了考场，不过，这也让我的考试有了一个轻松的开始。

物理是在下午考的，当天下着倾盆大雨，室外乌云密布，室内光线昏暗。临交卷前，老师突然宣布，因教室没有照明设施影响了考试，经请示上级同意延长半小时！当时我正在为一道光学题而苦恼，本来算出的焦距是4.5厘米，作图时却看成了45厘米，这个题就做不下去了。利用延长的时间我检查出是把小数点点在5的尾巴上，导致4.5看成45。这一题十多分呢，没有这次延时可能就没有和各位同学的缘分了。

外语是参考成绩的科目，我们只在考前学会了26个字母。考试时只要是选择题我就随机填上ABCD，成绩下来我居然得到

28.5 分，真是运气来了挡也挡不住。

高考那几天小镇上热闹得像过年，因为考场设在镇中学，十里八乡的人都来赶考，有父母送儿子的、有妻子送丈夫的，也有带着儿子来参加高考的。家里有人参考的都忙着煮粽子，期望自家的孩子金榜高中。

那一年我们高中一个班里有十多名同学都考取了重点大学，还有几个考上大专中专，这在全县可是放了颗大卫星，以致后来几年县里有门路的人都想把孩子送到我们镇中学学习。可惜好景不长，随着老师们落实政策各自回到大城市，我们的中学也风光不再了。

高考一结束，我就去了当地举办的银行培训班学习金融知识，如果落选就去银行工作，等拿到高考分数通知后就不去了。随后的体检是在东台县城，我们镇当年有一百多人上了体检分数线。从镇上到县城只有水路，镇里安排了三条船，到了东台已经是下午。由于没有这么多的宿舍，就安排在东台师范教室休息。随后我们连夜体检，当天返回。

当年镇上的信息是非常闭塞的，大多数人根本搞不清外面有多少大学？有什么大学？志愿也不知道怎么填。我的志愿是按照老师毕业的学校全填的师范学院，交志愿表时被我的物理老师——来自苏州的李中杰老师当场在空白处填写了南京工学院土木工程系。

南京工学院录取通知书 10 月初才寄到，我记得当时是和南京大学的同学同一天收到的。之前在教育局工作的梅老师已经打电话告诉我被南京工学院录取的消息，所以我每天都愉快地送同学奔往各地学校，只是后来发现连最近的盐城师范录取的同学都报到开学了，我还没有接到通知，便开始有些焦虑，好在也没有让我担心多久。

我大概是 10 月 13 号来报到的，坐的是当地开往南京的邮车（解放卡车改装）。来校报到的心情很激动，货车没有座位，我是坐着小板凳和邮包一路颠到南京。

在四牌楼校区前工院办好了入学手续，成为学号为 5178205 的南京工学院的学生。胸前别上校徽走在街上真是一脸的自豪！

宿舍在文昌桥五舍，房门上写着名字，我见到的第一个同学是李家伟，遇到的第一个问题是自己浓郁的乡音。因为不会说普通话，把家伟说的徐州听成了许昌。不管怎样，四年紧张、愉快的大学生活开始了……

毕业后到现在经常会有人问我：你是哪一届的？我都会自豪地说：我是 78 级！

很幸运的是我对东南大学的感情有了一个传承。2006 年我女儿李响从盐城中学考入东南大学土木工程学院建筑工程专业，学号是 05106304。她们是第一届直接在九龙湖校区报到开学的。新校区宽敞大气，宿舍里设施齐全。对比我们当时入校时住的文昌桥五舍真是不可同日而语啊！ 2010 年我女儿毕业后赴法国巴黎中央理工学校继续深造。2013 年取得硕士学位，现在南方从事建筑设计咨询工作。她和我都会自豪地说:我的母校——东南大学！

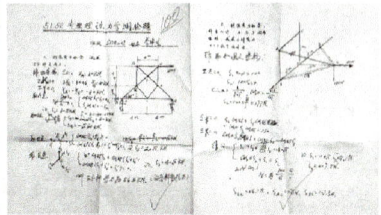

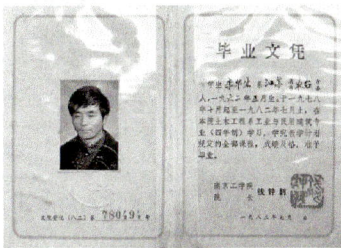
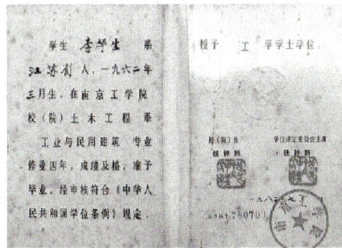

32.
40 年回顾

5178206 韩欲平

回忆高考，那是 40 年前的事情。从踏进南京工学院校门这 40 年，好多记忆都不大清晰了，但很值得回顾。这 40 年大体分为两部分，就是学习和工作。通过苦思冥想，选择了下面一些记忆中的片段。

先说学习。记得 1978 年 10 月 17 号到南京工学院的前工院报到，从住进文昌桥五舍起，我开始了四年的大学生活。那时我们都十分珍惜大学的学习生活，都怀着报效祖国的志向在努力学习。四年中，基本上就是宿舍、教室、食堂三点一线的生活。

记忆中，一年级时，每天早上黄汉生老师准时的"morning call"。虽然都不情愿，但多数人还是被推上了晨练的操场，渐渐成了大家的自觉行动，因为我们知道报效祖国需要健康的体魄。课堂上，印象比较深的是刘鉴明老师一丝不苟的板书，那时认为"学好数理化，走遍天下都不怕"，高等数学是首位的。刘老师的作业并不多，我借来吉米多维奇的高等数学习题集，完整地做了一遍。不少同学也都这样做过。在建筑施工课上，和杜训老师探讨过混凝土构件的室外蒸汽养护方法，请教混凝土的负压浇筑技术，因为这是我当建筑工人时做过和听说过的。上晚自修，在晚饭前就用书包占位子，可以节省找位子的时间，这都成为大家的习惯做法。晚自修老师会来教室答疑，我们都会为能听到老师解答自己提的问题而兴奋不已，因为那时我们都是"知识饥渴症患者"。

再说工作。1982 年 8 月 12 日，我离开学校，到江苏省机关事务管理局报到，在局基建办公室当了一名科员。局基建办公室是负责省级机关办公建筑、公共建筑以及住宅的建设工作，我一干就是33年多。参与和负责过的项目共约200万平方米，包括省政府大楼、省政协大楼、宁海大厦、苏兴大厦、省档案馆、省政务服务中心、省人民医院门急诊综合楼、龙江小区、苏城南北苑，还有中小学、幼儿园、礼堂、食堂等。

在政府机关搞基建，不像在学校、科研设计单位、施工企业，能够大展才华，获得累累硕果，是被称为混机关的，难有出息。我虽然在学术上没有成就，但在花费国家投资中，还是能体现出我们这一代大学生对国家的忠诚和报效祖国的情怀。记得当年省档案馆项目概算报批时，为了控制投资，要将方案中的地源热泵的暖通系统改为风冷热泵，这样能减少投资600多万元，但地源热泵系统的运行费用要比风冷热泵低很多。我作为项目负责人本着对国家投资负责的态度，请教暖通专家，组织专家论证，多次进行方案优化。把原有方案中的辅助冰蓄冷改为利用地下消防水池的水蓄冷，尽量增加工程桩内埋管，减少钻孔工作量，压缩了一部分投资。我们经过论证分析，运行费用测算，优化后的系统要比风冷热泵系统每年可以节省运行费用120多万元，这样不到五年就能收回多出的建设投资。要调整报批的概算内容是很艰苦的。当时有人不理解，劝我说，作为基建负责人只要对建设投资负责，不要去考虑运行成本。我却认为我们没有理由不对国家投资负责，这是人生的态度，也是我们这一代大学生的情怀。一方面，环境保护，人人有责，地源热是优质可再生能源，是绿色建筑所提倡的。另一方面，建设投资只是项目投资的一部分，暖通系统的生命周期是20—25年，保守地按20年计算，除去收回建设投资差的5年，可以为国家节省约1 800万元的运行费用。由于我的坚持，将我们分析论证的报告上报，得到省领导的批准，概算中的暖通系统才维持了原方案。

我在 33 年的工作中，有近 3 年担任局纪检组副组长、监察室主任。基建领域是廉政建设的重点，懂基建工作的能更好地胜任,这样就选中了我。管基建的去干纪检,这在江苏省应该是首例。纪检工作的主要内容是惩防体系的建设，我根据实际情况，把工作重点放在预防为主上，建立了经常化的廉政教育制度，打造单位的廉政文化。同时较多关注局政府采购中心的监管，许多内容是与建筑有关的。33 年的工作，算是没有离开过建筑，日久生情，我对建筑是有深厚感情的。2015 年底退休，离岗了，但对建筑的关注还是一如既往。

作为没有学术成果的南京工学院土木人，无憾；作为为建筑工作一辈子的南京工学院土木人，自豪。

2018 年 6 月

143

33.
我的 1978

5178207 赵万珂

我出生于 1960 年，在扬州医学院的大院里长大。一出生就正好赶上三年自然灾害，刚上幼儿园就赶上了"文革"。在轰轰烈烈的各种运动中我上完了小学、初中和高中。1977 年高中毕业。实际上，1976 年底中学就停课了，同学都开始为毕业后的出路发愁、奔走。有关系的不是当兵就是打疾病证明找人留城。由于家庭成分的原因，我当兵、留城都没指望。为了排解郁闷，这段时间我在家开始自学一些基础医学书籍，准备下放到农村时有个一技之长，当个赤脚医生什么的，日子会好过点。但一个大小伙天天在家闲着也不是事。当时有个口号是"自己也有两只手，不在家里吃闲饭"。因此，有时也和院子里的同伴一起做一些临时工，如挖土方、敲石子、搬东西等。1977 年初经人介绍来到扬州农机局的建筑工地做瓦匠小工，正式接触土木工程。农机局工地位置就是现在文昌路北二道河旁（现在五星电器的位置），在这里认识了一帮相同命运的打工朋友。高中毕业时我的身高不到 1 米 6，体重只有 50 公斤多点，由于长得比较瘦小，搬砖头、背水泥都很吃力。一包牛皮纸包装的水泥重 50 斤，堆水泥的仓库离能停车的路有几十米，卸一车水泥要来回跑几十趟，一天做下来浑身骨头都散了架，回到家倒头就能睡着。有时晚上还要加班。记得当时小工的工资是一天 1.06 元。干了几个月，攒了一些钱后，就想在下放之前到外面去见见世面。当时我有个表哥在安徽芜湖家里待业，安徽的名山大川较多，于是国庆节前辞去了瓦匠小工的工作来到安徽。

10 月中旬，我父亲来了封信，大致内容是听到消息今年大学招生和以往不同，采取公开考试的形式。当时我没太当真，认为要考试也是单位推荐考试，像我这样的无业人员根本不可能。但过了不到一周我父亲又来了一封急电，要我立即回扬州，这次高考真的是全面开放，院子里不少人家的小孩已经参加高考复习班。于是我赶紧买车票打道回府。回扬州后，找到扬州中学原教我们政治课的周美观老师，请他帮忙插班进了高考补习班。我们这届学生底子差，中学阶段学的都是"三机一泵"和农业基础知识，对高考需要的中学数理化基础知识相当于空白。一开始连简单的分数加减法都不会。那段时间，白天听课，晚上做习题，在不到两个月的时间里把中学的课程全过了一遍。通过听课，才发现原来扬中那些靠边站的老教师（如黄九珍、周元龙）基本功扎实、讲课条理清晰、重点突出。11月初参加了"文革"后的第一次大学统招考试，由于对录取政策也不清楚，对考试成绩心里也没底，以为同以前一样，考试仅仅是走过场，录取主要看政审条件和社会关系。所以考后没抱太大的希望。没想到12月初接到了复试通知，真是喜出望外。我这才相信这次高考真正是公平竞争。1977年高考志愿是复试前填写，我记得当时受家庭环境的影响填的都是医学院。12月中参加了高考的复试考试。就在这期间中央针对我们这届高中生又出台了新的政策文件，77届高中生已下放的全部回城，没下放的就地分配工作。我所在的医学院片区77届高中生全部分配到扬州纱厂。当时刚打倒"四人帮"，百业待兴，工厂又多年不进青工，纱厂那一批一下子进了一百多人。进厂没多久有部分考生收到了高校的录取通知书，我焦急地等了好几天还是没有，很是沮丧。看来是没考好。接下来那段时间，我定下心来白天上班，晚上开始系统地复习中学知识。转眼到了1978年5月，高考报名又开始了。当时报名时间有个期限，好像是十天。我赶忙来到纱厂管青工的曹书记办公室，要求登记报名。

曹书记是个马列女干部，年龄50岁左右，矮矮的个子，圆脸短发，带个黑框老花眼镜，说话带有江南口音。记得当时我推开门，她正坐在办公桌后看文件，当我把要求报名参加高考的事说过后，她把眼镜向下一拉，盯着我看了几分钟然后说："你们这些小年轻就是好高骛远，不想踏踏实实工作，把我们纱厂当跳板，刚进厂里就想走。报名的事到时候会通知你们的，先回去把手上的工作做好。"我只好回车间耐心地等厂里的通知。时间在一天天过去，我也在一天天的等待中备受煎熬。可是厂里报名高考的通知始终未下来。离报名还剩两天的时间了，我再也坐不住了，又跑到曹书记的办公室小心翼翼地询问高考报名的事。曹书记轻描淡写地说："我们厂报名结束了，报考人员名单已报到轻工业局。"我说："没人通知我呀？"她说："这我就不清楚了。"我赶忙问能不能帮我补报一个，她两手一摊，冷冷地说："我也没办法，你就安心工作明年再考吧。"我整个人像掉进了冰窟窿，中午饭也没心思吃。下午下班后，我想到了第一次高考是在我家所在的毛排楼居委会报的名。居委会叶主任是个六合人，非常和善，能否找她试试再在居委会报一次名。晚上，骑车来到居委会主任叶奶奶家，告诉了她我的情况，现在单位的报名已错过能否帮忙在居民区补报。叶奶奶很爽快地说："小年轻参加高考是好事，没得问题，我马上给你开个证明，按居民区内待业人员到派出所报名。"并陪着我连夜来到居委会办公室开了居民区内待业人员证明。第二天，就是高考报名的最后一天，我拿着证明终于在扬州汶河派出所报上了名。

1978年的高考是在7月中进行的，我记得那年的夏天非常炎热，考试出来浑身是汗。自我感觉考得还可以。到8月底高考的成绩出来了，达到了一本分数线。这次招生和1977年不同，是先考试后填志愿。我是我们这个院子里那年考分最高的。填志愿时本来准备报南京医学院的，但南京医学院那年是二本。考虑来考虑去，担心学医出来都是到农村和边疆工作（中央有个 7.21 指示），而南京工学院是一本，且工业和民用建筑专业都是在城市里才有用，南京离扬州又较近，因此第一志愿就填了南京工学院土木工程系工业与民用建筑专业，其他志愿填的都是医学院。没想到，我在第一志愿就被录取了。拿到录取通知书，高兴之余我还有个担心，就是怕纱厂不放人。因为我是在外面报的名，没有经过组织同意。还好，当我拿着录取通知书找曹书记转人事档案时，她没有多说什么，很顺利地开出转档介绍信。后来才知道当时上面有政策，各单位不得阻碍高考的录取工作。当院子里的人知道我考取的是土木工程系时，都认为学的是泥瓦匠专业。在那个年代，对我们这样的青年人而言只要有学上，随便哪个专业都是非常高兴的事。看来我的一生注定是与土木有缘。1978，改变了我的人生命运，并从此开始了我 40 年的土木生涯。我衷心地感谢邓小平，感谢在我困难中帮助过我的善良的人们。

2018 年 5 月 28 日

一九八二年四月，北京实
习结束后，游玩时的合影
小组成员：陈长兴、李延
朱学农、赵万珂、韩银平、钱
小勇、侯小军、
指导老师；

八二年北京实习结束回南京的途中，在泰山住
下了火车并连夜爬上泰山，当时正赶上一
节播《人民日报》报导，有15万人上了泰山，回
南京时没了座位，车上挤满了人，在老韩的
带领下，我们用报纸捕在座位下面钻进去一
直睡到南京。(当时三天一夜未睡)

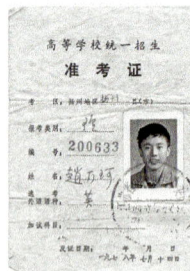

八二年初和张涛同学
爬紫金山留影

34.
人生向好，起步于那年高考

5178210 钱理民

历史转折

我是 51782 班钱理民，在校求学时曾用名钱小弟，时年来自江苏省吴江县桃源公社的 78 届的高中应届毕业生。

谁也未曾预料，随着 1976 年一个人的离世以及 1977 年另一个人的复出，我国的教育，尤其是高等教育断崖式地结束了一个近乎荒诞的年代，迎来了一个全新的时代。国家和个人的命运随之都发生了翻天覆地的巨变。

1976 年夏天我初中毕业，本想顺利升入高中继续念书，高中毕业后再回村务农，传承祖祖辈辈之农耕生活。由于当时我姐姐已经读了高中，大队革委会就强行取消了我的上学名额，心里虽有不甘，但也无奈地接受了回生产队种地这个事实。事有凑巧，开学一个多月后，竟然有人高中弃学了，我才光荣地替补进去并有了迟到的"高中生"的身份。上高中的第一篇作文中，我情不自禁地写出了上学的喜悦心情。不料这一篇作文被语文老师严厉批评：伟人辞世，岂可喜悦？

1977 年暑假，从北京传来了邓小平恢复职务的消息，不久中央决定当年恢复高考。作为在校的非应届生的我，被学校推荐参加了县上组织的 1977 年高考，虽名落孙山，但心里对 1978 年高考抱有了极大希望。学校老师们给我们画了一幅"不穿草鞋穿皮鞋"的蓝图，从前没有机会，现在机会就在身边，滋生了我们农村学生学好文化改变命运的最朴素的想法。

1978 年 7 月，在一片"真理大讨论"的气氛中，我们学校的学生和老师共同坐船前往离校二十里地的铜锣镇，参加全国统一考试（我们农村中学所在公社不设考点）。考生中，有我们 78 届的应届生，还有几名是我们的任课老师，他们是来自城市的知青，是被"文革"耽误了的往届生。与大我们十来岁的老师同场参加同一试卷的高考，是怎样一幅空前绝后的风景啊。

放分数那天，父亲从公社里拿来了成绩单，据说考了全公社第二名，比当年江苏省录取分数高出了 70 多分，欣喜万分。

工作 20 多年后才从媒体得知，那时的中国经济落后到不可思议的地步，当年连高考试卷用纸国家都拿不出来，后来邓小平率中央常委们决定，先借用《毛泽东选集》第五卷的专项用纸计划才使得 1978 年高考圆满完成。

历史将会铭记 1977 年邓小平先生首先在科教文化领域拨乱反正的壮举！

大学生活

1978 年 9 月底，终于盼来了南京工学院的录取通知书，是土木工程系工业与民用建筑专业，全家人都沉浸在喜悦中。村里我们钱氏家族的族人都来贺喜。

10 月 16 日，父亲送我报到，一早坐船 4 个小时再转乘 1 个小时长途汽车，接着在苏州火车站换乘火车，约 5 个小时后到达南京。到学校的文昌桥宿舍区已是半夜时分。

我们宿舍共住 8 人（上下铺，无卫浴），同学分别来自北京、河北、山东和江苏。年龄最小的是来自石家庄的安江民，与我一样是应届生；最年长的是来自济南的齐宗健，老三届，高个子山东汉子，30 岁出头，其儿子已有 6 岁。

感谢大学的人民助学金制度，让我至少在生活上解决了后顾之忧。

大学生活与农村中学时代完全脱节，需要尽快适应。来大学的目的，除了学习专业技术知识外，还必须为未来作打算，对于刚入学的新生而言，还谈不上对未来的规划。学校官方一直宣传和鼓励学生努力学好本领，毕业后为国家的四个现代化建设做贡献。

大学中求知若渴的学习氛围深深感染了我，大一、大二的基础课程学习稍有紧张感和难度，课余时间我基本上在自习教室或图书馆度过。当时同学们的学习生活也都成了简单的三点一线：宿舍—教室或图书馆—食堂。

到了大三、大四，专业课程的学习相对轻松许多，期间学校安排了实习活动。例如去南京第三建筑公司的施工实习，去同济大学、宝钢等上海重大工程施工建设现场的参观学习，以拓宽我们的专业视野。

最后的毕业设计及论文写作，指导老师程文瀼教授安排我的课题是钢筋混凝土框架设计及基本理论研究，题目看起来很大，分为三部分。第一部分是"钢筋混凝土框架设计"，做一个多层纯框架的力学分析计算和配筋设计制图，重点是力学分析。第二部分是写一篇"钢筋混凝土构件最大裂缝宽度统一计算公式"的论文，因原国家设计规范中，受拉构件、受弯构件、小偏心构件、大偏心构件等的裂缝宽度计算公式冗长且各不相同的，要求根据大量试验室数据，简化统一成为一个通用表达公式。第三部分是美国某钢筋混凝土结构专业文献翻译（英译汉），我们毕业设计小组7人，每人分别翻译若干章节，再组合完成。

毕业设计期间，在1982年4—5月，程老师带领我们去北京实习，到了国家基本建设委员会建筑科学研究院、北京建筑工程学院和北京市建筑设计院等单位实习学习。回南京后约用两个月的时间完成毕业设计（论文）。

1982年7月顺利毕业，获工学学士学位。

踏入社会

1982 年 8 月，我被分到苏州市煤气公司（筹备处）。能够分配到苏州当时还是较为满意的。从不同人事路径分配到苏州的同学还有朱贵成、狄载君、肖仲伟和徐江。不久徐江调离了苏州，几年后又有方恬、欧阳晓芒两位同学调来苏州。在苏州的同学偶尔也有见面，亲切感油然而生。

改革开放初期，人们思想比较活跃，向往美好生活的愿景已经展现。尊重知识、尊重人才的社会氛围开始建立，当时我体会较深的是，单位分房时凭技术职称是可以加分的。

虽然学的是建筑结构专业，我却"吃"了一辈子的燃气饭，毕业后一直从事燃气制气、输气、配气和供气的工作，好在工科的领域里是互通的，学习其他工程专业比较快也容易掌握。1982 年之前，苏州市居民生活的炊事中绝大多数还在使用污染严重、操作不便、效率低下的煤球炉，全市尚无燃气气源基地和管网输送的基础设施。我参与了苏州市的燃气工程建设从小到大的历程，从 1980 年代开始的煤炭制气时期发展到 2000 年后高效环保的大天然气供气时代。

再过三年，我也将退休。回顾那年高考以及走过的路，平凡踏实。我从来没有什么伟大理想，也许别人是为了振兴中华，而我所有的努力是为了改变自己的贫穷、改善自己的生存条件，自己的生活改善了，也就是为国家做了贡献。

四十载风雨，四十载花香，一路亲眼看见改革开放带给国家和民众的强大和富裕。难忘六朝松的挺拔，难忘老师们的谆谆教诲，难忘寒窗共读的同学。

感谢邓小平开拓的新时代，感谢东南大学土木工程学院。

2018 年 5 月 26 日 于苏州

153

35.
往事如水　岁月有痕

5178211 马健

前几天收到周鹏维同学的短信，"各位同学，距离交作业的时间只有半个月了，请你腾出时间，敲起键盘，扼要地回顾一下你的历程，不要让留给你的那一页成为空白，成为遗憾"。编写同学回忆录是个很有意义的活动。在今后的日子里，打开这本属于我们自己的书，随时可以拾起飘落在校园里那些曾经的过去，与散布在五洲四洋阔别已久的同学叙旧，为命运跌宕、际遇沉浮扼腕叹息，为人生的邂逅和遇见而感动。

坐在电脑前，整理起被时光碾成碎片的记忆；指尖敲击的仿佛不是键盘，而是逝去的漫漫岁月。那些久远尘封的往事慢慢浮上心头。

高考入学

1977 年，23 岁的我在无锡前洲的一个农业机械厂工作，那天我正和工厂师傅一起下乡维修插秧机，田头广播里传来了恢复高考的新闻，正是这条消息悄然改变了我以后的人生轨迹，也从此和土木结缘。

我读小学四年级的时候，伟大领袖点燃了"文革"的熊熊烈火。那个年龄的我，心智未开，还难以理解中国以后即将发生巨变。不久工宣队进驻学校、早请示晚汇报，学校停课闹革命、教材换成了实用技术、学工学农，学制缩短、教育革命，一连串的变故使我应接不暇，学习、生活偏离了原有的轨道。接着父亲成了走资派被关进了牛棚，随后带着我们这些孩子上山下乡到了农村。接受贫下中农的再教育，失去接受系统教育的机会。恢复高考重新点燃了我心中求知的火焰，看到了前方展现的瑰丽的曙光。

我申请参加高考被批准了。找老三届的学长借来了教科书，开始了几个月的文化恶补。到了高考的时候，身体已不堪重负连续发烧，我头上覆着湿毛巾，白天参加考试，晚上去医院挂水，坚持下来了。收到南京工学院录取通知书的那天，妈妈抱住我，流下了欣慰的泪水。

大学老师

南京工学院土木工程系，是国内同类学科成名较早的院系。学校不仅有着金宝桢、徐百川、丁大钧等老一辈专家教授，同时有宋启根、吕志涛、蒋永生、蓝宗建等中坚力量，可谓源远流长、师资雄厚。

同学们一定记得教我们弹性力学的单炳梓教授授课的场景，每堂课他都像一名资深演员，教室是他的剧院，三尺讲坛是他的舞台，黑板粉笔是他的道具。那般行云流水、挥洒自如，那般举重若轻、游刃有余。从提出问题、讨论问题到解决问题，都能做到言简意赅，井然有序，深入浅出，丝丝入扣，引领学生追根寻源，发现知识的奥秘。那漂亮的板书、优美的图画、准确的叙述、生动的举例，令听课者推崇备至，拍案叫绝。不管是学生还是老师，无不以听他的课为快事。本来枯燥无味的力学问题，经他一讲，仿佛有了生命一样鲜活。他不仅教书，还重视育人。在课程结束道别的时候，不忘谆谆教导我们：任何时候都要守住做人的底线，"富贵不能淫，贫贱不能移，威武不能屈，此之谓大丈夫"，寄托了对后辈的殷切期望。

我的毕业设计有幸分到吕志涛、方先和老师带的上海纺织厂大跨度预应力框架中试组。第一次见到吕志涛教授，个子不高，体型微胖，略显稀疏的头发搭在高高的额头上，一双眼睛闪烁着和善睿智的光芒。吕教授走路有点跛，熟悉了后私下问过他怎么会这样，他告诉我，年轻的时候腿是好的，后来不知不觉慢慢变跛，

155

直到有一天别人告诉他，才知道自己腿跛了。

吕教授出生在浙江新昌县澄潭镇芝田村一个贫苦农民家庭。家里经常吃了上顿没下顿，只能以糠麸度日。尤其到收成青黄不接的时候，家里交租后就没有多少余粮。他中学的时候由于贫困辍学在家，后来校长不忍放弃这个好学生，亲自登门，愿意承担他的学费，才重新复学。没钱买作业本，他捡来香烟壳订成本子，铅笔用到一公分还不能丢，用刀劈开了取出铅芯卷上纸筒继续写字。长期的贫困和营养缺乏造成他发育不良，腿疾就是这样形成的。秉持着吃苦耐劳、勤奋刻苦的品质和坚韧不拔的意志力，他从小山村一路走到大学的殿堂，最后达到令人仰视的工程院院士的高度，成为我国预应力结构领域的带头人。吕先生真是一个励志的好榜样。

毕业设计期间，在吕、方老师的言传身教下，我对预应力结构的设计、施工张拉、次应力、锚具的使用、灌浆和试验都有了一定的了解和掌握，最后在吕老师指导下写成的论文《后张预应力混凝土锚具损失的计算》收录在南京工学院78级优秀毕业论文集中，成为我和吕、方老师师生缘分的永久纪念。

校园生活

来到四大火炉之一的南京，我刚放下铺盖，钱小弟同学就在他爸爸的陪同下到了，他是应届毕业生，大大的眼睛，满脸的青涩，父亲张罗着帮他整理铺位。不久来自首都北京的邓强来了，和小弟的稚嫩不同，他见多识广，谈吐大方。随后舍友安江民、童心、陆红星、王易非陆续来到，年轻人很快打成一片。宿舍里，有人轻轻哼起《莫斯科郊外的晚上》，不久就汇聚成男声合唱在小楼里回荡。这一天，我们崭新的大学生活开始了。

我们这个班，既有老三届的如朱学农，也有刚毕业的如钱小弟，年龄跨度很大，但不妨碍我们建立友谊。同学们在兰园，一住就是四年。这栋砖混结构筒子楼，承载了我们多少青春的快乐和烦恼，梦想和失落，记录了我们多少成长的故事。

1980年代初，我们国家从"文革"的浩劫中刚走出来，处在历史的转折期。国家刚刚恢复元气，改革开放逐渐开启，百业待兴，物资匮乏，条件比较艰苦。那时候粮食还是定量供应，每个人的饭票又都是有限的。食堂的每个窗口都排着长队，但窗口总是塞满了人，晚去了有时就吃不到什么东西。于是上午第四节课的时候，大家的心思都奔食堂去了，有位同学把陆游的"红酥手，黄縢酒，满城春色宫墙柳"改为"红烧肉，包菜韭，满院香溢饿好久"（大意），大家眼巴巴等着下课，一下课赶紧往食堂跑。打饭真成了一件烦心的事情，而且饭菜的质量也不敢恭维，好不容易吃一次肉，却发现上面还长着毛。学生和食堂师傅之间爆发过几次冲突。为了改善营养，有些同学从家里带点食物到校，我下铺的童心同学经常带一大罐黑芝麻粉，于是大家都去"分享"。有天嘴馋了想去挖一勺，却看到瓶盖上贴了一张纸，上书"马健吃得最多，还说不好"，不由老脸一红，讪讪作罢。童心同学，来无锡一定请你吃饭，好好补偿当年你的芝麻友情。

当年的南京工学院，学风还是很正的。很早就有勤奋的同学起来跑步、早读。课间和任课老师答疑时间，都挤满了认真提问的同学。每天清晨悠扬的晨曲一响，体育黄老师就来"咚咚"地敲门了，"起床了起床了！"把我们赶到运动场跑步。到了晚上，图书馆和教室都坐满了人，去晚一点根本找不到座位。有一次汪沂同学去教室读书，刚落座，来了一位女生说位子是她占的，汪同学质疑一个书包为何占两三个位子，可那女生就是不让。汪同学揶揄道："没想到你的体积这么大呀（占这么大地方）"，引得周围同学哈哈大笑。

我们在校的时候，计算机技术才刚刚开始，编写程序要在程序纸上穿孔后计算机输入。那时没有手机，更没有微信，但校园的生活依然丰富多彩。随着"文革"的结束，在南京工学院标志性建筑穹顶礼堂内，一场场解禁的电影在悄悄播放。可惜一个班只有几张票，分到每个宿舍就更少了。于是就采取抽签、划拳的方式来分票，拿到票的自然欣喜万分，更多的同学拿不到票，又被电影的魅力深深吸引，于是成群结队到礼堂门口等退票。就是这样也看了很多电影，《流浪者》《冷酷的心》《青春之歌》《三千里路云和月》《乌鸦与麻雀》《冷酷的心》《大篷车》等等，这些电影给长久闭塞的心灵打开了窗口，在短短的几个小时里品尝了人世间的酸甜苦辣与喜怒哀乐，带着我们跨越时空的重重障碍，去那故事编织的梦里自由地飞翔。

　　大学里的讲座很多，开阔了眼界、传播了思想、分享了进步。二年级的时候，听了几次南艺老师做的欧洲文艺复兴时期艺术讲座，了解了列奥纳多·达·芬奇、米开朗基罗和拉斐尔，知晓了梵高、马奈、莫奈。通过介绍艺术巨匠们的传世作品，体验了一场艺术欣赏后的愉悦，深为绘画和雕塑的魅力所震撼。生命是短暂的，而艺术是不朽的，漫漫时空挡不住它的穿透力。随着讲座传导的激情，我和纪苏、赵万珂他们一起报名了建筑系的素描班，开始了一段时间的绘画选修课，在潜移默化中，审美力、想象力和感知能力得到了加分，这给以后的工作和生活都带来了益处。

　　省会南京是一个美丽的城市，"六朝古都"、文化名城，历史底蕴深厚，有着丰富的自然景观和人文景观，散发着浓郁的文化气息。"烟笼寒水月笼纱，夜泊秦淮近酒家；商女不知亡国恨，隔江犹唱后庭花"，秦淮河吟唱的风花雪月千古流芳。总统府曾是近代中国政治军事的中枢。春天，梅花山梅花盛开，景致迷人。秋天，栖霞山上红叶如火，层林尽染。中山陵、明孝陵、夫子庙、雨花台、南京长江大桥处处胜景。曾记否，我们一起紫金山登高，玄武湖泛舟，明孝陵怀古，莫愁湖探幽。新街口、大行宫、鼓楼等大街小巷更是遍布了同学们探访的足印。至今每每提起南京，心中油然升起亲切和怀旧的情愫，南京是我们游历学子的第二故乡。

四年的大学，一千多个难忘的日日夜夜，我们在一起寒窗苦读，我们在一起风雨同舟。它是我们人生旅途中停留过的一个美好的驿站，是一首青春和热血谱写的歌谣。

毕业以后

大学毕业后，回到了我的家乡无锡。分配到无锡轻工业学院建筑设计室。当年的设计室人数不多，却都是来自清华大学、同济大学、南京工学院等名校的师生。主任是吴科征老师，原是南京工学院建筑系的讲师，政治运动中被打成了右派，流落辗转到了这里，他不仅业务很好，还是一个极具个性魅力的人，他的宽厚、敬业和洒脱给我留下深刻的印象。

我担任结构设计工作，一直做到2000年，把大学学习的知识和工程实践相结合，设计了数万平方米的建筑，有教学楼、办公楼、公寓楼、体育馆、电影院、商场、医院、公共建筑和民用建筑，从助理工程师、工程师做到高级工程师。原来的设计室也发展成建筑设计院。每当我看到自己绘就的蓝图变为一栋栋高楼拔地而起，荒芜变成家园，心中便充满了感恩。正是那些教导我们的老师，给我们打下了坚实的理论基础，为我们的成长撑起了一片绿茵，我们才有今天的收获。

2000年，我接手校办的装饰公司，开始了新的学习和工作。那个阶段我自学了3DMax、Photoshop、SketchUp等软件，学习装饰材料，学习施工工艺，学习预算造价，慢慢从外行变为内行。企业也从原来的三级企业成长为设计施工一级企业，在大家的努力下，多次获得江苏省和国家的优质工程奖章。装饰工程综合性很强，设计和创新尤其重要。在大学选修的绘画课提升了我的眼界，帮助我在工作中把握比例、尺度和色彩，给客户提供更好的产品。

毕业那年，我和大学时恋爱的女友成了家。第二年儿子出生了。光阴如梭，一转眼 8 岁的孙女也已就读小学二年级。

在时间的长河中，每个人都是匆匆过客。能来到这个五彩缤纷的世界，是万千种机缘的巧合，是大自然的恩赐，赋予我们这次珍贵又奇妙的生命旅行。有了生命，我们才有自我意识，才有改变环境、组建家庭、成就自己、爱与被爱或恨与被恨的人生体验。从根本上说，每个人都是独特的，也是平等的。无论贫穷还是富有，高贵还是卑微，每个生命单体同样珍贵和不可重复。我们有理由谦卑地面对这个世界，因为在神奇的造物主面前，我们是多么多么渺小。

写在后面

离校 30 多年了，大家分享走过的历程是一件非常好的事情。虽然行程不同，但各有独特的风景。有的体验了权力荣耀的快感，有的品尝了平凡悠闲的恬静；有的在高山上经风历雨，有的在小溪旁低吟浅唱。这就是生命的多样化。无须比较，无从度量，没法复制。

"快乐是各种各样的，人生是多姿多彩的。"

所有旅程，都是有终点的。历经辛酸或温暖、悲痛或欢乐、凌辱或荣耀，每个人的故事都会落幕。生命是如此短暂，刚刚成熟，便又老去。现在，步入花甲之年，耳边依稀听见死神怦然渐近的脚步声了，更应该好好珍惜那些爱你的和你爱的人，做一点自己想做但却没有时间或勇气做的事，跟累积的遗憾道别。

或许我们每一个人的经历微不足道，但正如溪水汇成江河，无数个人轨迹汇聚成人类社会的脉动，无数努力融合成巨大合力，导致人类社会发生沧桑巨变。

最后，让我们一起感恩辛勤教导我们的老师们，祝愿我们的母校硕果累累、桃李芬芳。

36.
不留空白

5178213 王易非

2018年5月16日上午，40年前的团支书周鹏维先生在"南京工学院5178同学群"里发了一个通知："@所有人，各位同学，距离交作业的时间只有半个月了，请你腾出时间，敲起键盘，扼要地回顾你的历程，不要让留给你的那一页成为空白，成为遗憾。"

对照书记的通知来理解，我们每个健在的人都要写上几句，或者画上几笔，或者摆拍几下，或者找寻几件……

我在想，这是为了入学（40年）汇聚的印刷版的纪念册。既然每个人提交的资料性状、形式、内容以及数量都没有任何限定，那么对于我们的编辑来说，就压力山大了。

不仅如此，周鹏维书记还在群里发了南京大学1977、1978级学生的小册子，用以抛砖引玉。对我们一般人来说，有了一个借鉴，方便了很多；而对编辑来说，又增加了超越前者的压力。

虽然在40年前，南京大学、南京工学院平起平坐（当年的高考录取分数线一样），可是最近20年来，两个学校的差距已经蛮大了。

我还在想，我们前面几次在南京的聚会，可以说是众筹的聚会。今年也不例外，每位参加的同学都要交几百块钱。

以上就算是我为了相识40年而写的"不留空白"作业的前半部分。

接下来说说我的高考以及大学生活中的部分记忆。

我于1973年1月在江苏省盐城县南洋中学高中毕业。1968年9月我上初中的时候，南洋中学还是一所初级中学，等我毕业的时候，南洋中学就是一所完全中学了，当然啦，我也是南洋中

161

学的第一届高中生。

高中毕业以后，我先后在轧花厂、建筑站、中医医院做过临时工。

1974年初夏，我成了下乡插队知识青年。从1974年9月13日开始，我借住在盐城县南洋公社南映大队跃进生产队李大叔家里，正式开始了我四年多的农民生涯。

我们南洋镇上的同届知青，在2014年9月13日，曾经搞过一次下乡40年的聚会。1977年，我参加了高考。我有幸成为南洋公社38位参加体检的青年人之一。1978年春节后，南洋公社邮电局只向参与体检的人投递了37份录取通知书。 在我的印象中，1977年的高考，没有公布考试成绩。

1978年夏天，我又参加了高考。我是在盐城棉麻厂附近的一所学校里参加了第二轮考试。我考了前5门，没有考第三天下午的外语。当年外语不计成绩，语文、数学、物理、化学、政治，每一门卷面总分都是100分，语文卷上面有文科考生必答题（理工科考生答题不给分），数学卷有理工科考生必答题（文科考生答题不给分）。

在考场上，我要么头脑很清晰，要么就是一片空白。我的考卷要么是基本准确的（在数理化语法知识的答题中只写错了一个元素周期表的小题目，并且是写对了，交卷以前又把它改错了），这就是我在考场上的"清晰"；我的考卷答题要么就是一字不写，那当然是"一片空白"啦。

当年我在5门课程的全部考试过程中，头脑一直很清醒，但许多公式、定理、定律在考试的时候怎么想都想不起来，只能在考场上静静回忆、慢慢推导。交卷离开教室，公式、定理、定律就一下子冒出脑海了。

由于时间充裕，我把语文考卷上的文科考生必答题也答复了。

我还把全部考卷的题目和答题内容全部强记在脑子里了。考试结束回家的第二天，我就把考卷的内容全部回放记录下来，还预估了自己的考试分数。

回家以后，家里人问我考试情况，我说没有考好，需要明年再考了。

亲戚、朋友、同学、老师、邻居、"再教育者"问我考试情况，我说考得很差。

大家问我到底怎么差，我的回答是最多 380 分。而当时，我们公社有许多考生预估自己的高考成绩是 400 多分。

阅卷登分结束以后，我们公社文教干事连夜打电话回来，说南洋公社只有一个考生每门功课都在及格分以上。也有一些好心人问我是不是这个人，我回答说怎么能够轮到我呢？

后来公布成绩，我才知道我在南洋公社的考生中，总分第一，唯一的 5 门功课全部及格。

1978 年高考，我们只交了 5 毛钱的考试费。拿着考分条，对照招生简章填报志愿。当年，各所高校的招生指标下达到各个地区（行署）。我印象中盐城有两个清华大学的指标，南京工学院在盐城的指标还是比较多的。所以我选择学校的第一志愿是南京工学院，第二志愿是南京大学，第三志愿是上海交大，第四志愿是复旦大学，有没有第五志愿我记不清楚了。填报专业志愿时，考虑到我的物理成绩不怎么样，而建筑对物理的要求不高，所以第一志愿是工业与民用建筑专业，第二志愿是化学（我对化学反应很有兴趣，我的化学课程学得也蛮好，但是我不喜欢化肥厂的工作环境，不想化学成为我的职业），后面好像是服从分配。

然后我就拿到了南京工学院土木工程系工业与民用建筑专业的录取通知书，在通知书中还有两张行李标签。

1978 年 10 月 15 日，我一人拎着从我大姨娘的工厂里买的一只帆布箱（时价人民币 6 元）、背包、热水瓶、搪瓷面盆，乘坐长途汽车来南京工学院报到了。

印象中，邓强比我来得早，他选择的是遮光靠窗的下铺，我选择的是遮光靠窗的上铺。我的对面是马健、童心。钱小弟（理民）、陆红星都是在我后面来的，都跟着其父亲一起来的。我印象比较深的是钱小弟说我的普通话说得相当好，我觉得陆红星的父亲很帅气。

大学四年，其他宿舍的床铺位置大多进行过调整，我们宿舍一直未动。无论宿舍朝南朝北，我们的铺位跟窗户的对应关系没有进行过任何改变。一朝下锤，四年定音。

我们班上有两位同学的床铺比较养眼，一是童心的铺位上比别人多加了一个床罩，二是张涛的蚊帐一直罩着床铺。

到了大学，才知道南京工学院有两个"工业与民用建筑专业"，一个是土木工程系的，一个是建筑系的。

在课堂上，老师对我们说，建筑系的工业与民用建筑专业是真正意义上的工业与民用建筑，我们的专业应该叫着"建筑结构专业"。

40 年过去了，我们土木工程的这个专业现在还是被称为"工业与民用建筑专业"，而建筑系的工业与民用建筑专业，很早以前就改称"建筑学"了。

1981 年 5 月，我患了肺结核，咳了许多血。在南京市结核病防治院住院 100 多天。因为住院，我没有参加大三下学期的期末考试。因为患有大病，按照规定需要休学一年（在我住院期间，南京工学院三系一位叫臧胜的同学也是我的病友，他就休学了一年。臧胜现在东南大学建筑设计研究院做建筑智能化的工作）。

可是我不希望被休学。我出于两个方面的考虑，一是希望早点工作，二是不想跟学弟们上最后一年的课程，毕竟四年同窗的感情要比分成三年一截、一年一截的更加深厚一些。

　　新学年伊始，我向老师提出申请，参加补考。我说如果全部及格通过，我就不休学；只要有一门不及格，就休学一年。老师同意了我的申请。

　　住院期间，我参加了大三下学期全部课程的补考。其中政治课程只有我一个人没有考试，同学们都考试过关了，我就在政治课老师赖老师的家里做了补考答卷；另外的课程都是跟随其他同学一块儿补考的。补考通过后，我在结核病防治院办理了出院手续，继续跟同学们一起完成了四年的同窗生活。这样一来，我在南京工学院的学号就没有被改变，我还是 1978 级的学生 1982 届的毕业生。在我生病住院期间，我们班上的许多同学都到医院鼓励我，还给了我不少钱物资助。特别是一班的欧阳晓芒（芒姐），对我的钱物资助额度最大。现记录在此，谨为表达对各位同窗的深深谢意！

　　人的一生，都是在摸索和回忆中走过的。如果能够把我们生活中的美好点滴记录下来，把生活中的失败挫折当成是一次学生作业，我们的幸福感就会增强很多很多。

　　最后补充两句，在南京工学院，我的学号是 5178213。

　　我现有身份证号码的前 6 位是 320104（省市县），中间 8 位是 19560308（年月日），后面 4 位数字保密。

2018 年 5 月 31 日

37.
第一个国庆长假

5178213 王易非

1999 年国庆节，是新中国历史上的第一个节日长假，一共放假 7 天。在这个假期里，庆海同学携夫人和女儿到南京来游览，我有幸陪同庆海一家三口在南京的几个风景区逗留观光。

庆海是在抵达南京的当天晚上给我打电话的。他说他爱人和女儿都是第一次来南京，他原先和别人有约，但是现在临时有变。我说我这几天都有空，但是我找不到汽车，只能陪你们打出租坐公交。

第二天上午，我来到了位于长江路南北货商店东侧的招待所，见到了庆海一家。接着，我们一行四人就开始了南京风光的浏览之旅。我们去了中山陵，去了玄武湖，去了中华门城堡……

那时候，人们外出旅游，都是使用胶片摄像留念，这就需要先在商店里购买胶卷，等到胶卷摄像结束，再将胶卷送到照相馆进行冲洗扩印。看到照片以后，才能知道当初拍片的效果好不好。即使拍得不好，也没有机会从头再来一遍。所以在那个时候，选相机、买胶卷是有学问的，装胶卷、取胶卷也是一门技术活，拍照片得先调整好光圈、焦距、速度，按快门时要屏住呼吸……大多数人取景的时候，还会先伸直双臂，张开两手的食指和大拇指，组合成一个长方形镜框，看看框进去的景色美不美，然后再进行拍摄。

庆海此行带了一部 135 相机。遇到美景，庆海便打开镜头为夫人、女儿拍照。只有庆海一家三口合影的时候，才需要我来对一下焦距按一下快门。取景、光圈、焦距、速度等等，我一概不管，我只是在镜头中看清楚他们的形象以后，按一下快门而已，照片的设计师是庆海和他的夫人。庆海的夫人还为我和庆海拍摄了许多照片。

在玄武湖樱洲，庆海的夫人带着女儿在花丛中玩耍，我和庆海坐在石凳上聊了很长时间。我们聊了各自的家庭、工作，聊了许多同学、朋友的近况。庆海还说，北方的同学，每年都会聚一聚，主要是在北京聚会。我说，南方的同学，还没有集中聚会的形式，可能是学校所在地的原因，南京的班级界限也比较明显。我说我所参加的几次同学相聚，多是班上有外地同学来了，东道主约我参与吃饭、聊天而已。

庆海假期在宁的最后一天，他们一家逛街购物，我想办法购买卧铺票。庆海返程的火车，卧铺只售德州以远。

我找了南京市妇幼保健院的高健科长，他又托了人，卧铺的事情算是基本有了眉目。

饯行晚餐是和酬谢卧铺票结合在一起的，地点选在高科长家和庆海住的招待所之间，是在华侨路上咸亨酒店二楼的一个包间。我已经记不清楚点了哪些菜，只记得点鱼时，高科长说就来一条石斑鱼，这是我第一次品尝这种鱼，感觉口味很好。

晚餐后，我和负责卧铺票的人一起送庆海一家到南京火车站，将庆海介绍给列车长。列车长答应过了蚌埠就给三张卧铺票。

送别途中，庆海赠我一件礼物，说是他夫人为我儿子选的服装。我回家打开，发现是一条 Mizuno 的运动裤。自从有了这件运动服，我儿子对待服饰产生了品牌的意识。他开始比较各种品牌的优劣，开始识别真假产品。他虽然不去采购名牌，但是绝对不买地摊货和伪劣产品。

1999 年的时候，南京服务行业的发育还不成熟。庆海虽然在招待所里交了房费，但是发票要到国庆节假日以后才能开出来。上班后，我去招待所代取了发票。

庆海回到济南不久，给我寄来一封信，信中还有好几张他和我的合影彩照。我一直将此信和照片放在办公桌上最常打开的抽屉里。只可惜，2002 年元旦期间，我的办公室遭遇了一场洗劫，我的许多收藏失踪了，庆海的来信和照片也随之不见了。

　　转眼 19 年过去了。庆海与我已经天人永隔了。庆海已入仙境逍遥游，我还在尘世间洗涤磨砺。

　　我相信，庆海在远远地注视着我们，并在默默地祝福我们更加幸福快乐成功，更加远离苦楚失败。

　　愿我们大家的未来生活越来越释然，越来越洒脱，越来越感到幸福。

2018 年 6 月 23 日

　　后记：一直想写一篇纪念王庆海同学的文章，但总是难以下笔，老是担心写不好，老是有各种各样的想法（设计过多种多样的写法）。刚才周教授说很快就要送出版社了，我感到不能再拖了，不能再犹豫了。不管立意高不高，不管文字好不好，先在5178107 王庆海同学的篇目下留几个字。

38

土木年华：校园与聚会专篇

5178216 邓强（邵俊华执笔）

1994 年，我在上海出差，邓强从北京打电话说：毕业都 12 年了，我们从上海出发到苏州、无锡再到南京看看同学们吧！

我们一起从上海出发，一路过来，我们几乎见到了所有苏州、无锡和南京的同学们。郭正兴和周鹏维两位同学领袖，也因此做出了筹备毕业 15 年同学聚会的决定，并成立了 5178 班同学聚会筹备委员会。用郭正兴同学的话说"老邓南行"奠定了毕业 15 年同学聚会的基础和举办的信心，其实，这也是我们为同学们做的唯一值得记住的事情。

1997 年我们毕业 15 年第一次母校聚会成功举办，给同学们留下了最最美好的回忆和感动。由此组委会做出重大决定，同学大聚会每 5 年举办一次。迄今为止已经如期成功举办了 5 期，即毕业 15 年的母校聚会、毕业 20 年的南京聚会、毕业 25 年的南京无锡聚会、毕业 30 年的北京香山聚会、毕业 35 年的上海南通聚会。

2018 年 10 月将迎来我们入学 40 年的大聚会，期待中思绪回到了 40 年前……

校园回忆

1978 年，"文革"刚刚结束，高考刚刚恢复。我们，从祖国的四面八方来到了紫金山脚下、玄武湖畔的"学府圣地"——南京工学院（现东南大学）。

我们带着家人的重托，带着对未来的憧憬，内心充满青春激情的一代青年人，聚成了一个当年被称为"天之骄子"的大学生群体，我们 5178 的同学们就在其中。

我们相识于 1978 年 10 月的金秋,话别于 1982 年 7 月的盛夏,同学四年,我们留下了数不清的美好记忆。40 年来我们始终珍藏着,始终没有忘记,细细数来,画面清晰,仿佛就在昨天。

在校时,为了祖国未来的建设,我们发奋攻读,不分严冬与酷暑;相逢时,我们风华正茂,充满理想;话别时,我们充满激情和自信;毕业时,学校大门前、大礼堂旁、教室门前、校园路上、六朝古松下留下了学生时代最珍贵的纪念。

青春的年代,燃烧的激情,一首由吴曙球改编、邵俊华领唱、男生伴唱的《幸福不是毛毛雨》,唱响了整个校园。它浪漫的气息,打动着我们的心扉,纯真美好的情谊,留在了我们人生的记忆里。"假日里我们多么愉快,朋友们一起来到郊外,天上飘下毛毛细雨……"

我们这些肩负着历史使命的同学们,一代有志气、有抱负的新中国青年,从南京工学院门前启程,告别了母校,奔向各自的工作岗位。中国改革开放 40 年的巨变,实现了我们当年的梦想与追求。

母校,你是我们的骄傲

曾经胸前的校徽,给予我们一种骄傲、一种自豪、一份荣耀,还有一份使命。因为在我们心里,积聚了太久的希望,那是渴望了太久的梦想,那是压抑了太久的信念。那是一个民族对知识的渴求,是一个国家和时代的希望。许多人因为戴上了它,命运从此发生了巨大改变,人生得到升华。母校,我们感谢你,你是我们的骄傲。同学阔别 15 年,第一次重聚母校,重走校园路,亲切而幸福。

感恩老师

老师,是你们培养、教育了我们,可直到 1997 年(毕业 15 年)再次相见时,才真正了解了你们,很多老师都是从牛棚重返讲台,这使得我们更加敬佩你们。你们不仅教授了知识，也教会了我们做人、做事的原则，你们把南京工学院"严谨、求实、团结、奋进"的校风，作为宝贵的精神财富传授给了我们。"诚朴求实、止于至善"是我们放飞理想的追求。一晃又是20多年过去了，这些珍贵的照片，我们将永远珍藏。

39.
非同一直线上三点确定一个平面
——土木年华征文随想
5178217 蒋建华

1975 年 8 月初的傍晚时分，我生活的江南水乡，门前的小河里倒映着西斜的太阳，像长长的火炬。今天年轻的村书记参加了推荐工农兵上大学——也只有他能被推荐的考试，还没有回到村子。我生活的村子，在江南是很平常的农耕小村，距宜兴滆湖南约 10 公里，全村蒋姓。族谱载："周公旦分封三子伯龄于蒋地，公元 617 年被楚灭，其后子孙以国为姓，并尊蒋伯龄为蒋姓始祖，第四十七世蒋横公，生九子，皆封侯，第八子默，第九子澄，居宜兴滆湖东西。""传至明代蒋仕杰迁溪口,为蒋介石一族始迁祖。"

在我生活的小村里蒋氏也算是沾光，与蒋介石始出同宗。这样一个蒋氏族村虽出过秀才，自民国有大学以来，还没有上过大学之人。同村人也盼着有个工农兵大学生，这也是全村之荣耀。当村书记回到村子经过我家门前时，我很关心地问书记今天的考题是什么？书记说，只面试了一题，只要答对了，我就上大学了，可我现在也不知道怎么答题。主考老师问：一扇窗，插上销，窗固定，拉开销，窗自由，为什么？我的天唉，这么简单的题你答不出来？我以为推荐上工农兵大学的考题有多么的难，这是平面几何里"不在同一直线上的三点确定一个平面"的定理,当时的我，只说了一句话：你只要讲了这个定理就是大学生了。不在同一直线上的三点确定一个平面的定理影响了我的人生。

那一天夜里，我一直在想，什么时候能推荐我去上大学呢？我有了要上大学的想法。我终于有机会参加了 1977 和 1978 年的高考，来到了南京工学院进入土木工程系工业与民用建筑专业，完成了四年的学习。在我参加工作以后，我更感受到定理的"三"和"点"有不可言喻的意义。人生有三十而立；人生有三碗面——体面、场面、情面；人生有三境界，"立""守""得"；以至于我审批核工程投资也用个三三制，来估测机械材料、人工工资、毛利润。至于三点就更重要了，领导讲话讲三点，文章分三段，领导指示工作要抓重点，突出重点，以点带面。但最使我念念不忘的是马丁·路德·金：完整生命的三个层面——长、阔和高。还是非同一直线上的三点确定一个平面。

2018 年 5 月 31 日

40

我的土木年华

5178219 李金鹏

退休了，每天做着一等公民的事，"读书耕田"。有单位让我帮忙做点事，偶尔也去站站台，不再赶点坐班。喜欢与老友一起散步，看一些喜欢的书画艺术展览，这是我一直喜欢的爱好活动。幸运的是滨海新区建了一座书山图书馆，号称亚洲最大最现代化的。我办了一张借阅卡，可以借阅喜欢的图书，确实快捷方便，没有以前借书时的麻烦和还书时的啰唆。滨海新区是一座现代化的新兴城市，城市改造基本完成，旧房不多了，拉链马路没有了，城市干净整洁，车水马龙。这里不是一线城市，生活节奏宜人，既有高楼大厦，也有洋房别墅，让人满意的是宜居。这些在三十多年前完全是不可想象的。

结缘

我的土木之路实际上缘于老师的一句话。当时我对填报志愿之事不甚了了，高考成绩估分下来后就咨询老师。我那"右派"恩师告诉我，以你的分数报南京工学院的土木工程能行，这个专业很有名气，这样我就与土木结缘了，一生一世。实际上，我非常感激我的"右派"老师。我们公社只有唯一一所高中，老师几乎全部都是"右派"，也有个别是代课老师，但是毕业班的老师都是"右派"，他们的敬业精神一直是我工作的标准和动力。我的高中老师们都是各个大学的讲师和教授，教学认真严谨，深入浅出。最令人难以忘怀的是我的数学老师，他是"独眼龙"，据说是在"文革"初期被造反派打伤的，然后就成了终身遗憾。老师们在高考前非常辛苦，白天教学晚上劳动，在我们晚自习时还要解疑答难，特别是高考应考的重点、基本原理、公式定理。老

174

师们反复叮嘱，考试时要先易后难，认真检查，不要遗漏，名字和考试号更是不要填错。真是细如发丝，点点滴滴，慈心善意不用言表。现在我的高中母校已经在变革中裁撤了，原来的老师早已经"解放"回原籍了，真的思念他们，还有他们艰辛勤劳和岁月留下的遥远身影。

往事如烟

1977 年高考落榜对我的打击很大，幸好那时候挖河工地工作繁忙，我当时的工作是记工分和出勤情况，当我们大队支部书记在挖河工地的大喇叭里喊我的名字，让到指挥部去一趟时，我心里一片迷茫，心想是不是工作中又出了什么问题？那时人们为了一分也要反映到指挥部，迟到早退如果按规定扣分都要争得面红耳赤。心里正在打鼓，就已经到指挥部了。当支部书记告诉我去参加高考补习时，我是那样的惊愕。实际认真学习的志向是在艰苦的环境中立下的，我也加入了自古华山一条路、万人同过独木桥的大军。父亲的嘱托和母亲的厚望使我终身受益。你只有这一次机会，男人当自强，修身齐家治国平天下。

当我挥手告别同学和老师，带着满腔热情和美好愿望坐上绿皮火车，踏上未知前程时，心中只有满满的信心和高兴的热情以及去建功立业之希望。那里一定是热火朝天的国家建设的火红的画面，四化建设急需人才，改革洪流车轮滚滚。真是满腔热血凌云志，豪情万丈付海疆。伴着美好憧憬和参加工作的热情，在绿皮火车的呼啸声中我进入梦乡。

到单位报到时，我看到的是现实与理想的反差。那时的塘沽是 1976 年唐山大地震后的场面，百业凋零，百废待兴。天空蔚蓝，芦苇茫茫，盐碱洼地一望无际，鸥鸟翔空，残垣断壁，看上去满目疮痍，很是凄惨。马路坑坑洼洼，房子歪歪斜斜，人们都还住在防震棚。

我的第一个工作是工长，那年冬天比较冷，根据气象资料最低气温在零下15度—零下20度。港口建设是国家重点工程，恢复重建迫在眉睫，冬季不能停工。那时是计划经济年代，虽然唐山大地震已过六年，但道路还不畅通，物资基本靠铁路运输，许多物资都缺乏。在施工中遇到的第一个问题就是冬季施工，公司领导让我做个施工方案，我编制出第一个施工方案让领导签批，领导告诉我这里好多物资都没有。我住在公司，距离施工现场有12公里，而当时的交通工具只有公交汽车和自行车。我有一辆自行车，每天都是骑自行车。那个时候的冬天雪下得很大，马路上都是未融化的冰，骑车经常滑倒摔跤。虽然很艰苦，但是心里一片热情，其乐融融。

我们处在一个改革开放的年代，许多制度和管理方法都在发生巨大变化，首先是劳资制度的变化。以前班排连的整建制的工人干部基本没有了，取而代之的是民工队和自有管理干部模式。计划管理变成项目施工法，我被评为第一批国家级一级项目经理。计划经济经营管理模式变成招投标经营管理模式。再就是施工技术的改变，合资企业大量涌入，进口设备和合资工厂增多，施工方案和施工技术要不时地展现在招投标的评审平台上，这又突显技术的重要性。当我面对与外资合作建设一座年生产一千万只肉鸡的联合养鸡场时，这在1980年代几乎没有多少人有相关概念。该工程包括种鸡场、孵化场、育雏场、育肥场、催肥场、饲料厂、屠宰场、生活区和办公区等。等工程完成后自己就有一种成就感，于是又承接了又一座同等规模的养鸡场。

1990年代初期，高层建筑还是一类极有施工难度的项目工程，在当时还是劳动强度很大、施工难度大、技术含量较高的建筑工程。彩色电视中心又是其中难度较大的工程项目种类之一。实际上这个工程使我体会到作为一个领导之无奈，作为省里之重点工程和形象工程，首先省委书记要抓，省长要抓，省建委、省建工局、招标办、定额站、质量监督站都要管，市委、市政府、市建委、市建工局、市质量监督站也要管，多管齐下可想而知。一个领导一个令，一个庸医一处方，多头政令实无主张。我当时的心情就是：愿把青春献疆场，谁知青春洒酒缸。银丝稀松脑肠满，直让热血付黄粱。当然就该工程而言技术含量还是很高的，这个项目几乎包括建筑工程的十大分部，地基基础、桩基（大口径扩底桩）、结构工程、建筑装饰装修、防水工程、给排水工程、强弱电工程、声学工程、光学工程、园林环境等。由于工程的技术含量较高，也让我受益匪浅。

后来高速公路多了，高铁也多了，所在的公司上市了，国家进入大变革、大调整的新时代，我也融入了新时代的大潮之中，志愿做个弄潮儿。而现在是船到码头车到站，吾辈聊看后来人。

2018 年 6 月 20 日于天津滨海

41.
大学入学 40 年趣事杂感点滴

5178220 张其林

光阴似箭、日月如梭，这是小学、中学时写作文的常用句，但只有到人生跨过 50 岁后才对此有了真正的体会。自 1978 年进入南京工学院土木工程系至今，一晃 40 年，是真正的似箭和如梭啊。想当初，16 岁作为天之骄子进入大学，对大学、对社会、对人生懵懵懂懂，对未来充满向往和憧憬。到今天，56 岁即将步入退休教授行列，却也桃李满天下、家有第三代。40 年间，经历了社会的剧烈变化，经历了行业的急剧发展，成为非常幸运的一代人。人生如此，夫复何求？

1976 和 1977 年是中国历史上波澜壮阔、拨乱反正的重要年份，当年公社广播喇叭宣布恢复高考时，很多下乡和回乡知青在聆听广播时的专注、激动、凝重的表情还历历在目。作为当时的高一学生，对恢复高考对自身、对社会、对历史的影响仍浑然不觉。只是知道，一年后如果考上大学，就可以不用下乡插队了。然后就是复习迎考的紧张一年，当年我们这批在农村读书的人，经历了开门办学、教师和贫下中农轮岗等荒诞岁月，英语没学过，化学、数学、物理也基本从零开始学习，绝大部分教师是工农兵大学生，自身知识也极少。记得第一次学校为成绩较好的学生组织的数学竞赛，题目是 sin30 等于多少等等，因为刚刚学习过 sin 等于对边和斜边等，于是拿了 45 度三角板量了 30 度三角板的对边和斜边，除了一下是 0.49，于是就写了这个答案。就是这样的水平。在历时一年多的复习迎考后，考取了当年的南京工学院。

填报南京工学院专业志愿时，当年中学一位老师是毕业于华东水利大学的工农兵大学生，告知我南京工学院建筑专业是最好的，于是就帮我选了工业与民用建筑专业，入学后才知道此建筑非彼建筑。入学第一次土木工程系举行的迎新典礼上，当年的系总支书记的开场白就是："很多同学会觉得大门进对了，小门进错了"，瞬间就觉得有点灰心。好在当年的系主任林醒山教授，在他的迎新致辞中，形象地解释了我们头顶上的钢筋混凝土梁，是利用了下部的钢筋承担拉力、上部的混凝土承担压力，充分且合理地利用了不同材料的优势进行设计的结果，使我对工业与民用建筑这个专业有了非常重要的好感，也使我从此十分敬重林醒山教授。像我这样的情况还不能说是选错了专业，记得纪苏、林卫宁同学是有美术和素描的功底的，他们才是真正选错了专业。好在林卫宁同学本科后立即读了建筑系研究生，其后也一直从事建筑设计。而纪苏同学却继续从事结构设计，而后担任设计院副院长，再后担任审图公司领导，离建筑学是越来越远了。没有想到的却是周琦同学，本科时未听说他对建筑学有任何兴趣，现在却成了建筑学大专家，其作品甚至一度在网络世界中成为普通百姓的关注热点，甚为有趣。

大学四年，过得很快，却也是 16 岁少年最重要的成长阶段。入学时我们这个年龄段的人还是占一半以上，但也有当年 30 余岁的朱学农等大哥。四年大学生涯，令人印象最深的是，大年龄同学如饥似渴的学习态度和精神，他们绝大部分的生活轨迹就是宿舍、教室、食堂的三点一线。作为年龄较小的自己，偶尔外出看一次电影，回到学校看到灯光辉煌的教室以及教室内认真学习的同学，内心会充满负罪感。当然，大学四年也是我们这个年龄段对异性充满好奇、遇到异性就会脸红的青涩年龄阶段，可惜同龄异性极少。所以同学之间，也会经常充满好奇地议论谁和谁今天在教室里晚自习坐在一起、谁帮谁今天在教室里占了晚自习的位置等等。也常常会因为这些与自己无关而感到惆怅。乃至于毕业一两年后在同济大学读研究生阶段，再度回到南京工学院拜访当时读研的林洋、张涛、方小豹等同学时，忽然发现校园内有那么多的漂亮学妹，对早进了南京工学院大大感慨了一番。此外，大学阶段令我印象较深的还有：唐铁牛同学校外跟随武术教练练拳；周琦同学会打军体拳，并且我俩商量数次是否切磋一下，最终作罢；江金祥同学用非常押韵和形象的诗完成了建材作业；陈长兴同学的魔方套路获奖等等。当然，令人印象最深的是临毕业时两位同宿舍同学的相亲和约会。年长几岁的蒋建华同学非常淡定地外出相亲、约会；而同龄的张涛同学首次谈朋友后，经常怜悯地注视我，问他原因时，总是感慨道：你什么也不懂啊。

1982年大学毕业，当年是国家分配，幸好可以考研究生。自己觉得：要掌握命运，只能通过考研。当年考的是同济大学钢结构专业，之所以选择钢结构，是因为钢结构与力学内容非常接近。在本科阶段，日渐觉得钢筋混凝土的设计公式就是在实验数据上总结出来的，没有理论。但在1982年的中国，钢结构工程极少，大学教授钢结构的老师也极少。但20岁的年龄是只会考虑兴趣而不会考虑这些的。也没有想到，进入1990年代后，钢结构在我国的发展十分迅猛，自己也有幸参与了较多国家重大钢结构项目的建设。再想到，当年进入南京工学院时，无线电专业非常热门，但首批倒闭产业内的下岗人员中就有很多这个专业的我们的同时代人。这些经历让我感慨，我们这个时代，社会、行业、专业变化太快。其后，当有学生毕业时征求自己意见从事何种工作时，只能向学生介绍以上的经历，让学生自己选择。

1982—1988年在同济大学完成了硕士、博士阶段学习，当然也完成了谈恋爱这个人生极其重要的任务后，就留校任教了。期间，1994—1996年获德国洪堡基金资助在德国、英国经历了两年多的海外研究，又于1999年在德尔佛特工业技术大学工作了一年。在短短的 1994—2000 年间，国家发生了天翻地覆的变化。记得在德国拿到的洪堡基金第一笔月工资是 3 900 马克，合人民币 2 万左右，而当年同济大学的月工资是 100 多元人民币，在德国、英国两年多的时间内未曾想过、也没有回过一次国，在德国教授、同事面前常常会因为经济收入的巨大差距而感到自卑。而1999 年在荷兰德尔佛特工业技术大学时，收入比德国的高些，已经没有那样的自卑感了，一年内还回国三次探亲。短短几年，社会和个人的经济状况变化十分巨大。

大学毕业后的 30 多年里，与很多同学有较密切的往来。记得 1996 年从欧洲回国后，对于将来的发展感到有些迷茫。然后，走访了很多大学同学。在南京、北京、无锡、苏州得到了王丽华、林洋、蒋建华、邱洪兴、林然、邓强、邵俊华、邵弘、纪苏、陈亚平、朱忠益、狄载君、欧阳晓芒等同学的热情接待。其后在工作中，也得到了孙国建、马建明、蒋立红、肖仲伟等领导的多次帮助和支持。现在，一起入学的同学中，有的发展很顺利，在各自领域取得了较大成就；有的在工作生活中遇到了一些波折；也有的已经离我们而去。不管如何，四年大学同学的情谊是永远存在、弥足珍贵的。岁月匆匆、人生苦短，到了我们这个年龄，已经可以坦然面对人生中的种种。愿同学们以积极乐观的心态，享受我们的中老年生活。

42

土木情缘 40 年

5178221 纪苏

1969 年，我跟随父母从苏南无锡下放到苏北盐城地区响水县（当时被称为江苏的"兰考"），那年我 12 岁。1975 年，高中毕业后响应毛主席"知识青年到农村去，接受贫下中农再教育"的号召去响水县运河公社南河大队周圩生产队插队劳动。

1977 年高考制度改革给了我们这代人改变命运的希望和机会。因为中学时喜欢绘画，稍有些基础，1977 年报考美术类院校，虽通过初试进入复试，但终因高手如云技不如人而名落孙山。因为自己中学时文化课基础尚可，通过加倍努力刻苦复习和学校老师的悉心辅导，1978 年报考终于榜上有名。结合自己的爱好，我第一志愿填报了南京工学院建筑系和土木工程系，终于被土木工程系工业与民用建筑专业录取，成为我们这一代人中的"幸运儿"。

40 年前的金秋十月，我从黄海之滨的响水来到六朝古都南京，踏入神圣的大学殿堂——南京工学院，并荣为 5178 的一员，从此开启了我结缘土木工程的人生旅途。

四年的大学生活给我留下深刻印象的是同学们如饥似渴的求学精神，自习课抢占座位"蔚然成风"，答疑课"围堵"老师习以为常，总觉得时间不够用，争先恐后生怕落伍。数学老师刘鉴明的儒雅风范，物理老师柯景凤的绘声绘色，结构力学老师单炳梓的深入浅出，建筑施工老师杜训的"电视连续剧"……老师们严格的治学精神和各具个性和特点的授课方式，至今使我难以忘怀。正是经过大学四年老师们的言传身教和自身刻苦努力的学习，为我们今后走上工作岗位打下坚实的基础，也铸就了与专业特征相应的、我们 5178 人的共同禀赋——本分而务实。

1982 年 7 月大学毕业后，我被分配到无锡市住宅统建办公室工作（后为中房集团无锡公司），有幸成为单位的第一位大学生。1985 年我参与组建中房集团无锡公司建筑设计室，并主持日常设计与管理工作。1987 年由中房建筑设计室、市规划设计室、市园林设计室、市测绘队合并成立无锡市规划设计院。1995 年，我担任规划设计院副院长，分管院计划经营和建筑设计管理工作。2002 年被调到无锡市建设局负责组建"无锡市建设工程设计审查中心"，担任主任一职，直至 2017 年 11 月退休。回顾自己的工作经历，前 20 年在设计院，后 15 年负责施工图审查管理工作，始终与土木建筑结下不解之缘。这 35 年间适逢改革开放，国家正处在大发展大建设时期，使得我们在自己的专业岗位上能学以致用，施展身手，发挥作用，做出成绩。时代在造就我们的同时，也给了我们机遇，我们生逢其时。因此我感恩邓公！感恩老师！感恩父母！也感谢同学！感谢同事！感谢家人！在这 40 年的土木情缘中，我度过了属于自己的激情燃烧的岁月。

　　"一切过往，皆为序章"。不管过去发生了什么，是取得过成就或是遇到过挫折，但愿今后——在我们的人生下半场，在我们的后青春期中活出自己的精彩来。

写在入学南京工学院 40 年纪念之际

2018 年 6 月

43.
命运的转折点

——写在高考 40 周年之际

5178222 曹力

"十年动乱"后恢复高考，是影响现代中国的一件大事。参加 1977 和 1978 年全国高考的考生人数分别为 570 万和 610 万，而录取人数分别为 27.3 万和 40.2 万，录取率非常低。如果根据历届中学毕业人数计算，高考录取率更低。我高中时一个班有 50 多个同学，仅我一个人通过高考上了大学。

我生逢其时，以工人身份参加了 1977 和 1978 两年的全国高考。1977 年我被师范学校录取而未去报到，1978 年被录取本科成为 78 级的一员。当时百废待兴，大学的生活和学习条件非常艰苦。但不少同学废寝忘食，发奋苦读，给我留下了深刻的印象。四年的大学生活和学习经历，培养了我忍受恶劣环境的毅力，这是我的最大收获之一。大学毕业以后，即使某个阶段工作、学习和生活的条件再差，我都甘之如饴。若干年后，我自费出国留学，异国他乡，举目无亲，语言不通，感觉上似乎并无难过之处。

本科毕业之后，我继续攻读硕士学位，花了两年半时间完成了研究生学业。毕业后我到上海工作，抽时间将硕士论文的研究成果，撰写了两篇论文发表在《工业建筑》期刊上。在上海工作单位，我负责一个高层建筑结构三维静动力分析程序的研发项目。虽然开始阶段我并不熟悉计算机编程，但通过自己的努力，该研发项目最后获得成功，在近 30 个高层建筑结构设计工程项目中得到了应用，并获得了部级科技进步奖和全国工程设计优秀软件奖。后来我通过了国家教育委员会的出国访问学者选拔考试，到英国大学进修一年。在英国做访问学者期间，我写了两篇计算机应用论文在国际学术期刊《Computers & Structures（计算机与结构）》上发表。从英国回国后，我负责组建了原上海工作单位的计算机技术应用中心。

不久后，我到美国自费留学，数年后获得了美国大学的工程博士学位，还得到了美国注册工程师的执业资质。我根据博士论文的研究成果，撰写了两篇论文在美国学术期刊《Journal of Structural Engeering（结构工程学报）》上发表，其中一篇获得了美国土木工程师协会亚瑟·威灵顿奖（ASCE Arthur Wellington Prize）。我在美国从事工程设计咨询多年，其中一个项目获得了美国咨询结构工程师协会（NCSEA）的优秀工程设计奖。我根据在美国从事工程设计咨询的经验，写了三篇论文发表在《建筑结构》期刊上。

回顾过去，高考前我是一个没有受到过完整高中教育的青年工人，高考后我上了大学，先后获得了学士、硕士和博士学位。我在国内和国外的专业期刊及学术会议上发表了十多篇论文，并获得了多个国内和国外的科技奖项。更令人欣慰的是，我的三个孩子均学业优秀，得到了很好的高等教育。我在参加孩子的大学毕业典礼时忽然想到，我祖辈是种田的农民，父母因家贫只接受了三年左右的小学教育，而我的孩子却在世界一流大学接受了高等教育。这真是命运的造化，不可思议，也无法想象。但毫无疑问地说，40年前的高考是我命运的转折点。

我们每个人都肩负着自己的苦难、彷徨和挫折，也肩负着自己的奋斗、希望和成功，这是我们的过去、现在和未来。从历史的角度来讲，个人的命运只是社会现实的折射，个人的荣辱成败微不足道。我们可给后人的借鉴是，身处逆境不甘沉沦，脚踏实地埋头苦干，抓住机遇成为同时代人中的佼佼者。

44.

我这 40 年

——写在相识 40 年聚会之前

5178224 简洪钰

大学毕业 35 年时，相约在上海相聚，由于相聚的兴奋加之酒桌上的豪爽，回想起来那几天我都在醉意中度过，快乐似神仙，以至于相识 40 年在南京再聚之事竟全然不知。知道今年 10 月再聚会还是在同学聊天群里，组委会要求每个人要写点东西，思前想后，不知该写点什么。这几十年来，我过得很简单，好像没有什么值得书写，如果拿成就与同学们相比着实惭愧，愧对母校的培养、家人的期望。然而，这恰恰又是真实的我，我不能造假说谎。而我这 40 年来的快乐也正源于我的平凡，所以我想还是给同学们讲讲一个真实的我，一个微缩版的 40 年回顾。

我不相信命。因为命是父母给的，而父母不是我能选择的，父母虽没知识，但有文化，他们勤劳善良、通情达理，有这样的父母不能说自己命不好。我也不相信运。运是时运，与时代的气息有关，对个人来说，就是自己所处的生长年代，但何时出生也不是本人能够选择的。母亲曾对我说过，1962 年生我的时候，村里每家每户都很艰难，她坐月子时，一个鸡蛋要分三餐来吃，那是个苦难的岁月。但也就是那个年代出生的我，正好赶上了 1978 年的高考，那是恢复高考的第二年，作为应届生我以较高的分数考上了七所重点工科院校之一的南京工学院——我们的母校，今天的东南大学。610 万人参考，只招收 40 多万人，录取率不到 7%，确实不易，说明考上大学不是靠运气。那年我正好 16 周岁，完全是个懵懂少年，乡下贫苦农家的孩子，虽然无知但很淳朴，很努力，很勤奋，因为勤奋努力弥补了我的愚钝，我抓住了这个机遇，成为当时的天之骄子，从而有幸成为你们的同学，成就了我们40年的同学缘。

上大学之前，可以说除了劳动就是玩，没读什么书，真正夜以继日读书的时间是最后高考那一年。学校把一批学习较好的学生编入尖子班，狠狠地恶补了一年。父母四十好几才生下我，尽管天资平凡，那一年我还是拿出了百分百的努力，点烛夜读是常事。但坚实的基础不是短暂的苦读能补上的，上大学后我发现自己就是个高分低能，有一段时间还很自卑。大学四年虽然自己很努力，但因基础太差，见识短，学习方法也不对，与年长的和城里长大的同学相比，自学能力有明显的差距。印象中方恬、小豹、张栋、学农、林洋、其林、文学、邵弘等同学，他们学习学得真好，平常他们是我学习的榜样，至今难忘。大学四年，虽然离家千里之外，身处他乡，但好在南京有两个老乡人家，在生活上一直在关心照顾我，每到节假日都会请我到他们家，吃吃饭，聊聊天，改善改善生活，他们给了我家的温暖。加之我的助学金是最高的，因此大学四年生活上并不困难，也没给家人带来经济上的负担，相比今天大学生的家庭负担，那真是天壤之别。回想大学四年读书生涯，就三个字"死读书，读死书，书死读"，唯一遗憾的就是没读好书，以至于最后学年考研究生名落孙山，未能成为浙江大学曾国煦教授的研究生。当然，这也成就了我大学毕业后直到现在，乃至终其一生的教学生涯。

毕业时通知我到福建省人事局报到，那时候我内心里一直是认为这辈子只能到设计院或建筑公司工作了，但没曾想省人事局把我分配到当时的福建省建工总局（现在的住房和城乡建设厅）二次报到。报到后才知道，当时总局一次性把17名大学毕业生全部分配到福建建筑工程专科学校，卫宁同学分配到省建筑设计院，没到这个学校我还真不知道他做了哪些上层工作。后来他考

187

取母校齐康老师的研究生，实现了他大学时的梦想，从事他喜欢的建筑设计工作，如今硕果累累，名声显赫，他比我有思想有抱负，取得如此成就很正常。我从未想过大学毕业后去当个老师，为此有一段时间曾经抵触过，烦恼过。我所工作的这所学校历史悠久，但因刚刚恢复办学，教师队伍人才奇缺，当时为了留住教师，学校竟然规定新教师五年内不得报考研究生，不能调动。因为我已经是本科生了，所以也不能去进修，要把进修的名额留给留校的中专生、大专生和工农兵学员。我们的任务就是上课，那时候确实很无奈。刚刚大学毕业的我，还没从考研落榜的烦恼和失落中走出来，就匆匆地被推上了讲台，讲的还是房屋建筑学这门我并不熟悉的课程，记得大学时好像是唐厚炽老师教的，当时对这门课并不重视。但这所学校对这门课又特别重视，总共安排了一百多个课时，作业和课程设计要求在白图纸上画工程图，这些图都要上墨，线条和字体都必须符合制图标准，要求很高。说实在的当时我钢笔字都写不好，更别提仿宋字了，而且那时讲台下学生的年纪和我差不多，第一次上完课，我都不知道自己讲了些什么，确实紧张。

当时有传闻说我们这帮大学生不行，还不如他们自己培养的留校生。那时觉得一个重点大学本科生被留校的大中专生瞧不起，心里很不是滋味。为此，我努力练字，认真备课，虚心请教，硬是熬过了最艰难的第一年，庆幸的是那些日子有十多位和我一样大学刚毕业的同事相陪伴，我们团结在一起，争取自身的权益，共同营造了一个快乐的环境，也一同度过了那段不顺心的日子。一年后，我开始适应并慢慢地喜欢上了这份工作，后来先后担任了结构力学、钢筋混凝土、钢木结构、结构电算、结构选型等课程的教学工作，基本上每年都要指导毕业设计。我之所以上这些课，一方面是证明自己有能力上好所学的课程，同时也想通过上课，好好梳理巩固大学所学知识，使自己讲起课来更有底气。但后来在指导毕业设计和给社会专业人士上培训课时，因为自己没有从事具体的工程实践，工程上的很多问题一问三不知，深受打击，为此下定决心弥补这一短板。为了弥补实践环节上的不足，1980年代末期，利用业余时间开始从事结构设计，1990年代初期开始从事地基基础工程的设计、施工和检测监测工作，同时结合工程实践开展岩土工程方面的一些研究，在学校两位老前辈的带领下取得了一些成果，同时也极大地提高了自己的教学水平、科研能力和对专业的自信。回想起那段时光，虽然没挣多少钱但过得很充实，很快乐，不知不觉中大学毕业十多年就过去了。这期间爱妻也曾多次劝我去考研读博，我都没有了兴趣，主要是没有了再次面对老师的信心和勇气。

进入21世纪，学校新的领导班子走马上任，校长和书记都是和我同年毕业一起到这所学校工作的同事，新领导比较重视科研，把原来的产业办公室这个部门改为科研产业处，我有幸成为这个部门主管科研的副处长，直到2002年学校合并升格为本科后，继续担任福建工程学院科研处副处长。当初选择从事行政管理，主要是天真地认为只要做一个部门的负责人就可以实现自己的很多理想。但没曾想事与愿违，所撰写的管理文件，提出的诸多设想，都未能如愿实施或被改得面目全非，比当普通老师憋屈。加之合并重组的新建本科学校，校长书记都是外派的，内部矛盾比较复杂，我这个心直口快之人，很难在这个复杂的人事圈里得到领导赏识重用。通过一段时间的慎重考虑之后，我于2011年春分之夜写了辞岗报告，辞去了任职近十年之久的科研处副处长之职。我之所以请辞，并非关乎待遇问题，亦非人事相处的困扰，而是多年来一直不能认同当前的教学管理机制和理念之故。随着我对体制背后的国情渐有更深的认知，根据自己多年来工作得与失的反省，觉得最妥善的办法，就是主动退出，我的副处虽以请辞告终，但那几年的行政管理工作给了我弥足珍贵的人生经验。我想很多时候一个人明智地放弃，往往胜过盲目执着的追求，当然选择那个时候放弃，显得有点太晚，但现在看来并非是不明智之举，我没有后悔当初的选择，而是庆幸当初决策的果断，否则我会在更复杂的人事关系中无所适从，烦恼纠结，就不会有今天逍遥快乐的我。2011年5月，我重新上岗，成为学院校办企业福建工程学院建筑设计院岩土总工程师，主要的任务是指导年轻人开展岩土工程勘察、设计、咨询、检测和监测工作。2017年因企业改制，学校让我们选择留在企业还是回到学校，我选择回到福建工程学院土木学院岩土教研室工作，从普通老师又回到了普通老师，35年后又回到当初的起点，但已然物是人非，所有的一切都变了。校园是新的，仪器设备是新的，老师大部分也是新的，新来的大都是博士教授。但虽然一切都变新了，可老师变得不像老师了，感觉引进的老师来了一批又走了一批，走马灯一样。学生也不像学生了，吃不了苦。教学管理实现了网络化和信息化，然而已没有人情味了，也许这是个代沟吧！这也是当年我辞岗后没有选择回学院当老师的主要原因。

如果硬要我说这36年所取得的成就，那就是自己成熟了，变老了，最得意的是我收获了一个好妻子和一个好女儿。我1987年结婚成家，妻子和我同龄也是78级大学生，毕业于福建师范大学，中学教师，现已退休在家。结婚31年来，虽有磕磕碰碰小吵小闹，但总体上和我36年工作经历一样平凡和平淡。女儿也已成家，是两个孩子的母亲了，算是后继有人了。他们都健康快乐，我们一大家子其乐融融无比幸福，我感觉现在过的日子，就像提前安度晚年。至于我教的众多学生，在他们毕业周年聚会时我说过：不要叫我老师，你们叫我老同学，因为我与这个"师"

的距离相差太远。为何要叫我同学呢？因为我在讲台上也是个学生，只不过是在学当老师！我和你们是同班同学，你们一届一届都毕业了，而我永远也拿不到毕业证书，因此不要叫我老师，我这一生为师很惭愧！关于学术成就那就更谈不上了，毕业三十几年来，发表了十几篇文章，关键是这些文章在孟教授、郭教授和张教授眼里都是垃圾，所以我不敢罗列；结合工程实践写了些小专利，目前授权发明专利有十个，但基本上没有推广应用，我也没把它当回事，拿了学校的奖励就当补贴补贴生计吧；获了一些科技进步奖，但都是不能拿到台面上的小奖，我想就算是给自己工作一个肯定吧，聊以自慰。同学们如果不嫌弃我那些垃圾，上网一搜便是，至今为止这个世界上叫简洪钰的就我一个。

　　回忆总染着一层失望的美，40 年的时光如白驹过隙，它是这样的云淡风轻、漫不经心，它把我们抛掷在岁月的荒原上，无可依偎，不知所措。我们曾途经的倾城时光，都在不经意间渐行渐远，那些见证这段时光的人，也都各奔天涯。那些朝夕相处、一起疯狂、一起追梦的日子，那些互相欺负却又互相惦记的心意，这一切的一切，因时间的冷漠，付与匆匆流年，没错！一切都会走的！但时光从不会夺走什么，每一段刻骨铭心的往昔都不会被吹散，我会把它放在记忆的酒坛中，随岁月越酿越香。无论岁月荏苒，时光如梭，我们曾经相识的那片美丽而又静谧的校园，它永远是我心中时刻牵挂的角落，因为，我曾经来过，我的一生与它永远也分不开。谢谢了，我的母校！谢谢了，我的同学！你们和我的父母兄弟一样，是我永远的爱！

2018 年 5 月 23 日晚于福州金山家

45.
40 年随想
——写在大学同学相识 40 年之际

5178225 季远

从 1978 年到南京工学院读书，到今年 2018 年，整整 40 年。这 40 年漫长而又短暂，因为它已经到了。回想南京工学院学习的四年和毕业后的经历，感慨万千。从懵懂到成熟，从无知到逐步认知，从愿景到现实……一切的一切慢慢浮现在脑海。

入学

1977 年冬季的高考我也参加了，没有系统的复习，匆匆上阵，考得不好，来了一张中专学校通知书。家里一商量，继续复习来年再考。原来喜好文科，家里一位从事文科的长辈建议学理工科，说文科搞不好都养不了家，不如有一门技术，高中老师建议报南京工学院土木工程系，我就成了南京工学院土木工程系工业与民用建筑专业 1978 级学生了。没有过什么宏图大志，信心倒是满满，自己人生的轨迹从此随着社会的发展和变革，并不单纯地以自己的意志为转移而不停地向前、向前。

大学四年

随波逐浪地漂浮在大学四年的学习生活中。大学四年，是学习方法养成、思想不断成熟、世界观不断拓宽、知识不断丰富等等最关键的阶段。凡是能提升自己素质的新知识、新理念都想去涉及，也能付诸实施。除正常学业外，早起跑步锻炼、提高英语水平、学桥牌、听交响乐讲座、学交谊舞等等，现在回想起来虽然都有涉及，但没有一项是拿得出手的，包括专业课也是 4 分为主。

毋庸置疑，自己各方面的能力肯定是提高了，对未知的前途，仍然是信心满满。"天生我才必有用""个人的能力肯定能胜任即将分配的岗位工作"等等那些积极词句，应该是当时的心理写照。思想很纯洁：学习、工作、提高。在我们能感受到的层面，当时的社会很美好，前途光明。当然，任重道远、使命感、责任感以及要想进步就要努力付出的心理准备也是有的。因为在学习和生活中，老师、长辈的言传身教，家庭、同学、朋友的潜移默化，各种书籍的阅读和自己的观察思考，使自己的思想基本成熟，处事原则和方法基本建立，系统的学习使自己对目前的社会有所认知。

计划经济和计划经济转型的 12 年工作经历

1982 年 10 月分配到国家建筑材料工业局工作，经历的单位名称改变了多次，但工作性质变化不大，是基本建设的技术管理（或技术经济管理）岗位的工作。单位名称历经中国玻陶公司（筹）、国家建筑材料工业局玻陶司、国家建筑材料工业局投资司、中国非金属矿总公司的变化。我的工作内容和方向基本没有改变，只是管理规模和管理性质的变化。

工作初期的再培训，是我一生学习和工作的新起点，我将要面对的工作是建材行业的生产建筑用玻璃的工厂基本建设管理，管理涉及面很广，对上和平级有国家计划委员会、经济贸易委员会和其他关联的工业和管理部门，对下有工厂、设计、建筑公司等关联单位。培训是系统的，从矿石开采到工厂生产，从工厂设计到工厂建设，从安装调试到试生产，我们参与到一线工作的班组中，无任何特殊。我的技术处处长要求每周向她写工作报告，她也会认真回复和指点。处里的老工程师（5 位是 1949 年前毕业的工程师，3 位是 1955 年前后毕业的工程师）也不吝指点。我想，我的工作方法的建立，思维方式的建立，管理能力的形成，价值观、世界观的丰富，对社会和国家的认知，应该都是在这个再培训阶段养成的。培训历经两年，1984 年 10 月结束。终身受用，终生难忘。

　　培训结束后，正式进入岗位工作，已经可以独当一面处理工作。对应建材行业的其他产品（如水泥、陶瓷、非金属制品及矿山）生产工厂建设的基本建设管理，由于仅仅是工艺的变化，也慢慢都有涉及。而基本建设必须去现场，才能掌握第一手信息，这12年的学习和工作，每年有大半时间是在出差。也正是如此，得以饱览祖国大好河山。虽然忙碌，但乐在其中。自己的定位是技术业务工作的发展，一路走来，顺顺当当，但要想进一步发展，就遇到难题了。当时的工业部门，工艺专业是领导专业，土建一类的专业是辅助专业，再提高的机会是工艺专业人士居多，其他专业只有安心干好本职工作了。

企业的工作经历

　　1994年，当时的中国非金属矿总公司的下属，有一个"金厦房地产开发公司"，恰好需要派出管理人员，我是必然的人选，专业对口，也由此开始了我的企业工作经历。不管是国企还是民企，1990年代初期，区分得没有现在这样明显，逐步地演变和发展才变成现在这样的格局。我自己认为，一个人在企业，对上对谁负责，对下管理谁，需要完成什么工作或任务，只要清晰，工作起来也很舒心。办事的程序，法律、法规和文件的掌握程度，必需的专业知识和工作经验的积累，办事的渠道和人脉关系，都会影响你的工作成果的质量和你的办事效率。你能够在这个企业工作，你一定是基本认可这个企业的文化。企业的文化，实际上就是这个企业一把手的思想。管理结构不要太深究，因为管理无常形，完成工作的必要过程和逻辑关系基本不会有太大的变化，因此自己在工作中善于总结和学习，是帮助自己提升的好方法。白领、职业经理人、企业主是三个明显不同的工作、职权、风险担当的定位，在企业工作千万不能搞混了。一旦没有理清，会自已给自己增加烦恼。

企业的经历，虽然时间比较长，因为自己的思想已成熟，思维模式已定型，只是从事的工作性质不同，面对不同的工作环境和人际关系调整适应而已。

今天写下的，不是文章，仅仅是提纲，是这40年思想片段的素描，每一小点，都留待以后去深化为文章。因为很长时间不写文章，又必须按时交作业，只好把自己怎么想的和同学们分享，提纲型的，还是在南京工学院学习时的风格，江山易改本性难移呀。

40年一晃过去了。现在，我的年龄从19岁变成了59岁。这40年应当是我们这代人经历的思想最为宽松的时期，而我们这代曾年轻的人，也快步入老年，也许还应当多做一些，报师恩，亦报同学，更报那在40年前改变自己命运的母校——南京工学院。

2018年5月27日于成都龙泉驿

46.
我的大学梦

5178226 朱忠益

这一生能上大学，对我来说就像做梦一样。

那是 1977 年的炎热的夏天，劳作了一天以后，疲惫的我吃过晚饭，在门前的场地上乘凉。同村的伙伴来家串门，交谈中说到了高考的事。听到考大学，我像打了鸡血一样，来了精神，一天的疲惫烟消云散了。我也要上大学，要改变自己的命运。于是我们穿着背心、拖鞋、短裤，步行六七里地，来到了我们曾经读书的学校——无锡县中学。到学校一看，教室里灯火通明，已经进入了紧张的复习之中。我们急忙找到老师，也加入了复习的队伍。

我的十年学习生活是伴随着"文革"度过的，可以说没有学到扎实的基础知识，参加高考，几乎就是一个白丁，难度可想而知。我的几个伙伴，他们都知难而退了，我和同村的一个女孩却坚持着。那时的我好像信心十足，志在必得。那段时间对我来说是意志、毅力和精神的艰难考验。春夏秋冬，不管是酷暑还是严寒，是冰天雪地还是风雨交加，我们都要在每个星期六、星期天晚上，到学校去上课复习。现在想想，能坚持下来真的不易。农村的夏天蚊虫很多，为了躲避蚊虫的叮咬，我拿来两个水桶，里面装满水，把脚放在里面，既防止了蚊子叮咬，又能凉快身体，这样就可以静下心来认真做题。第一年复习的时间很短。当时，心里想只要户口变成城镇户口，就报考了中专，谁知名落孙山。第二年，我决定要考大学。经过一年的艰苦复习，终于如愿以偿，考上了南京工学院。同村的女孩考试分数跟录取分差了几分，与大学失之交臂。她连续考了三年，每次都是差几分，考运不佳。当时，我

197

还写信给她鼓励。最终她还是没能够上到大学，留下了终身的遗憾。不过，她现在还过得不错，经济殷实，家庭和睦。那时的友谊我们至今还保留着。

上学报到的那一天，我父亲挑着扁担，送我到洛社坐火车。那是当时无锡县唯一的有个火车站的一个镇，是那种绿皮火车（慢车，每个站都要停靠的）停靠的一个小站。当时在我们的心目中，那可是一个大地方。记得小时候，我家有个堂房姑姑，嫁到了洛社火车站旁边的村上。每年春节的时候，我会去姑姑家走亲戚，都会停留在火车站，看一看飞驰而过的火车，大人总会提醒要远离火车，它有吸风，会把人吸进去的。一直期盼着哪一天，能坐上火车，去某个地方，那就是人生中最幸福的事了。这一天终于来到了，在我上大学报到的那天。

我父亲带着我，走了十几里地，来到了洛社车站。说来巧，在车站碰到了我们的班长马健，他也坐同一趟车，去学校报到。我们一路同行，顺利地到了学校。从此开始我的大学生活。四年同窗生活，我们同学之间，结下了深厚的友谊。四年学习生涯，我们学到了扎实的基础知识。四年的刻苦努力，为我们的人生，为我们的未来，打下了良好的基础。

毕业后，我回到了家乡，在无锡县基本建设局工作。当时的无锡县是全国乡镇工业的发祥地，是全国的百强县三连冠。作为建设战线的一员，我也为家乡的建设事业，做出了自己应有的贡献。从农村危房的加固处理，到小城镇建设的蓬勃发展，到工业开发区兴起，无不留下了我的足迹，都有我辛勤工作的成果。从全优工程创建、质量通病治理、安全生产管理、文明施工创建等等，到一个个省优、部优、国优工程，甚至鲁班奖工程，也都贡献着我的专业知识和管理经验。虽然没有其他同学那样有轰轰烈烈的成果，但是，我也是脚踏实地，做了一些具体的工作，没有虚度光阴，也没有给母校丢脸。

家乡的发展日新月异，城市化的步伐快速地推进。当时的无锡县到后来的锡山市（现已撤销），撤市设区成立了惠山区和锡山区。当初的洛社火车站，已经不复存在，记忆中的那栋小红楼已经被拆除。在原址处穿越而过的是一座跨越京杭大运河和京沪铁路的高架桥。沪宁城际铁路惠山站已取代了洛社站，虽然看上去很现代化、很大气，但是，总是感觉没有原来那小站庄重温馨。

47.
我的 40 年土木情缘

5178228 杨扣虎

最近几天,同学们在朋友圈里分享着40年前参加高考的经历,同学们的高考故事让我感叹不已。相比各位学兄学姐中学毕业后的曲折经历,高考复习阶段的艰辛,作为一名当年的应届生,我的高考就幸运了许多。

复习准备,参加高考

我的家乡是江苏省扬州地区泰县泰西公社（1988年划归泰州市）,我们公社处于泰县的最西端,位于泰州与江都之间,人们的生活都与泰州紧密接触,与县城交往不多。而我们庄又在公社的最东边,紧靠泰州,与泰州仅一条小河之隔。一直以来,我们庄和邻近几个庄上的小孩从小学三年级起就在泰州西郊的小学和中学学习。1977年的秋天,我们刚进入高二年级学习不久,传来了激动人心的好消息,国家恢复中断的高考,学校老师和家长都非常兴奋与激动,觉得我们这些农村孩子终于有了跳出农门的机遇。因此,学校立即加大课程的学习量,物理在三机一泵的基础上,加强了基础知识的学习。同时,学校还组织了一些成绩比较好的学生,在参加正常学习的情况下,再重点进行补习。在泰州报名参加1977年江苏省的预考,主要目的是为了练兵,为1978年正式参加高考积累经验。省预考结束后,学校立即组织进行强化复习。各位任课老师无怨无悔,各显神通,为我们精心准备复习资料,除了正常的学习,利用下午和晚上再进行补习。当时,家里人对我的期望也不是很高,只要能考上一个学校,跳出农门就满足了。自己对高考也没有什么概念,对于复习也不是特别重视,每天晚上上完复习课,完成老师布置的作业后,回到家10点钟左右也就睡觉了。到了6月份，高中毕业，准备报名参加高考了，这时，上面要求考生回到户口所在地报名，所以，我们一批泰县户口的学生就回到自己所在公社报了名。不巧，我的大腿上长了一个大疖子，疼得很厉害，无法走路，父亲就把自行车让给我，每天利用课间休息去学校附近的医院换药，至今，腿上还留有这个疖子的疤痕。7月份在公社的中学参加考试，考试的中学离我舅舅家比较近，因为当时参加高考的还有我的表哥和表弟，所以我早上骑自行车先到舅舅家，三个人一起去考试。中午考完了，就三个人一起回到舅舅家做饭吃，吃完中饭，去考场继续下午的考试。考试结束后不久，去扬州参加阅卷的老师带回来消息，说我考得不错，上大学没有问题。可是没几天，学校通知，当年江苏省省辖市及县级泰州市的高二学生不毕业，要继续上高三，这样又收回了已经发出的毕业证书。同时，泰州的中学进行合并，我们上学的十中高中部撤销，所有高中生并入市一中（泰州中学）。这样，9月1号我和其他同学一起，来到了市一中继续上高三。上了没几天，高考成绩出来了，自己考了393分，同时，录取线也出来了，在校生要求400分，往届生要低许多。接着开始填志愿，学校出政审材料、体检。因为父亲在公社建筑站从事建筑施工，深知建筑施工现场的危险与脏累，不想让我再从事这个行当，而我自己对大学一点概念也没有，只是不想走得太远。表哥比我大4岁，所以我们三个人填志愿都由他一手操办。他认为我的分数上南京大学比较危险，上南京工学院有把握，听说南京工学院建筑比较有名，就稀里糊涂地在第一志愿填了个南京工学院工业与民用建筑专业。当要就读的学校提供政审材料时，出现麻烦了，原学校讲这个学生现在已经转到一中了，要一中提供，一中说你达不到在校生的分数，不好提供。公社负责招生的同志与县里沟通后说，我们泰县的高二学生都是毕业的，可以按毕业生考虑。最后，经过协调，原来的学校同意提供政审材料，条件是重新发出毕业证书，不能再去一中继续学习。这样我和另外一名邻庄的同学拿回了收走的毕业证书，这也可能是当年泰州发出的仅有的两本高中毕业证书了。之后，去县城体检，这是我第一次到我们的县城。体检结束后，对于自己能否被录取总是放心不下，万一把我按在校生考虑不录取，高三又不能上，下一步怎么办呢，所以我就在家忐忑不安地等待。到了9月下旬的一天，父亲骑车从外面回来，对我说，做准备吧，录取通知书来了，一看，南京工学院土木工程系工业与民用建筑专业，自己终于成为当年众多考生中的一名幸运者，全家人都非常高兴，我的心里也终于一块石头落地。

走进南工，入行土木

接到通知书以后，接着就是紧张的准备。父亲在工地上用木板钉了一只木箱子，添置了必要的学习和生活用品。10月中旬，我在父亲的陪同下，搭了一辆去南京办事的顺便车，第一次离开家乡，来到省城南京，来到南京工学院报名。进了校园一看，哇，这么美丽的校园。向报到的老师一打听，才知道工业与民用建筑专业与建筑学是两回事。工业与民用建筑专业是从事建筑结构研究、设计和建筑施工的，打交道的是钢筋水泥与砖瓦砂石。没有如家人所愿，从此踏入土木工程这个行当。而后又了解到，南京工学院历史悠久，是全国著名的四大工学院之一，南京工学院的土木工程在全国名列前茅，自己能够到南京工学院土木工程系学习，也是非常荣幸。到了宿舍，八个人已经来得差不多了，只有上铺了。离地1米多高，爬上爬下，挺不方便，外面的挡板只有一点点高，睡觉怪害怕的。父亲从学校离开时就惦记着这件事，回家以后，做了一个铁栏杆，隔了几天，再次来到南京，给装上。这个栏杆比原来的挡板高了许多，也长了许多，从此睡觉心里就踏实了。宿舍的八个人，年龄相差很大，我和林洋、刘文学

202

是应届的，刚刚16岁，朱大哥比我们大12岁，其他几位要大我们四五岁。从此，融入"5178"这个大家庭中。在这个大家庭中，尽管大家阅历不同、年龄参差，但大家相互帮助，和睦相处，共同学习与生活了四年。学兄学姐们对知识如饥似渴，学习起来废寝忘食的情景至今历历在目。

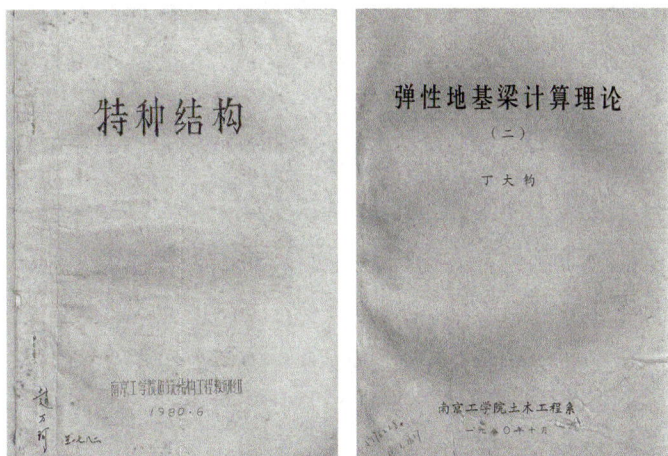

经过多次搬家，许多在校学习的资料都丢失了，前几天在办公室整理资料时，发现了这两本书，可能留存的同学不多，转给大家分享。

来到油田，参加工作

1982年7月，结束了四年的学习，大学毕业了，接着是分配工作。经过焦急的等待，终于拿到了报到证，报到单位是江苏石油勘探开发会战指挥部。开始还挺高兴，以为单位在扬州，因为，每次从南京来回泰州经过扬州时，都能看到路边有个挂着石油指挥部招牌的单位。但是，五二专业的一名同乡告诉我，不是这个单位。他有个中学同学在这个单位上班，总部是在江都县北面的邵伯镇。当时心里就凉了一截。8月份，告别了同窗四年的同学，回家经过短暂休息后，在父亲的陪同下，坐上从泰州开往高邮的汽车，中途经过邵伯。在一个大院门口下了车，一看门口的牌子，"江苏石油勘探开发会战指挥部"。进了大院，找到报到处，看到走廊里有不少学生，一打听，都是学校毕业后来报到的。再一了解，包括 77 级的，大中专毕业分配来这里工作的一共有 100 多人。全国各地的都有，涵盖了许多专业，除了学石油的外，还有学数学的、学物理的、学化学的、学医的、学农的、师范的、学木材加工的等等。心里挺纳闷，这些学生到这里来干什么。再一打听，江苏石油勘探开发会战指挥部成立于 1975 年，简称江苏油田，隶属于石油部（现在隶属于中国石化），人员有近万人，主要从事石油勘探开发、下属物探钻井、采油、工程建设、通讯、运输等，还拥有机械加工厂、中小学、技校、中专、农场、医院，总之，就是一个小社会，总部设在邵伯镇，二级单位分布在苏北的江都、金湖、洪泽的一些乡镇等地。当年产油量也就 20 万吨左右（最高时达 170 多万吨，现在在 120 万吨左右）。轮到我报到了，接待人员简单介绍了一下单位情况。然后说，大学毕业生，特别是你们这种"三门"学生，一律要到基层去，与工人实行"三同"，根据你学的专业，把你分到油建处，单位的基地就在邵伯镇，出镇沿盐邵河向东不到 2 公里。其他一些学生，有的分到交通更加不便的真武、金湖的采油队、钻井队，有的分到洪泽的地调队，相比他们，自己要幸运了许多。之后，来到油建处，处里把我分到了建工队，一起分来的还有一班的何晓林，南京林业大学的一名学木材加工专业的同学。给我和何晓林两人分了一间宿舍。报到以后，处里组织大家进行入厂教育，介绍单位情况、中国石油工业的历史，讲大庆精神，讲铁人精神，讲"三老四严"等。经过入厂教育之后，就开始每天穿起工作服，随队一起去工地干活。从此，又成为一名与石油打交道的"油鬼子"。开始，在附近的真武油区，每天乘坐敞篷卡车来去工地。后来，工地到了江都东北部的河网地区，公路不通，就每天先坐一小时卡车到工地附近的码头，再换坐半个小时的机帆船。来到工地，挖基槽，和砂浆，拌混凝土，搬砖头，拎灰桶，学砌墙，干上六个小时左右，再坐船换卡车返回邵伯。自己从小就没怎么干过重活，这样的活一天干下来还是挺累的。到了 11 月份，一班人马，转战距离邵伯有 4—5 个小时车程的洪泽农场，这里原来是一个军队农场。油田成立后，因为油田职工有一批农村户口的随矿家属，没有工作，国家就把这个农场整体交给了油田，让家属们种地。另外，油田还在这个农场建了地调处、技校和油田中专以及一个医院和中小学。到那里一看，除了洪泽湖大堤及油田的部分职工家属和技校的学生外，荒无人烟。这样，也是每天穿着工作服，坐着敞篷车，到工地干活，经过三个月，建好了一个液化气灌装站，春节前返回了邵伯。春节后，调到了技术科，跟着老工程师们下现场，查质量，整资料。1983 年中秋节前，一年的实习期满，我和何晓林一起调到油田设计处土建室从事土建设计。设计处主要是为油田生产和生活服务的，当时有七八十人，现在有 150 人左右。从此，一直在这个单位工作到现在。在油田，土建专业就是跑龙套的，任务就是配合工艺专业设计一些设备、油罐等基础，另外就是一些办公楼、单身宿舍、职工住宅的设计。2000 年以前，油田处于发展阶段，还能有一些规模不大的民用建筑，由于缺少专业的建筑设计人员，当时的要求也不高，所以，都是建筑结构一人做完。2000 年，单位跟随油田总部机关一起，告别了工作生活了 18 年的邵伯，迁入扬州市区，至今在扬州又工作生活了 18 年。

　　时光如梭，岁月如歌，入行土木已经 40 年了，当年的青涩少年如今已经头发花白，但"5178"情怀始终伴随着我。南京工学院土木工程系的四年，学习到了一技之长，为后来的顺利工作打下良好的基础。1998年报名参加全国一级注册结构师考试，考试前一直在同济大学参加合作设计。临考前几天，才向同济的领导请假，他很吃惊，天天在画图，也没看到你复习，就去考试，能考过去吗？凭借当年在学校学到的知识以及工作中的积累，我一次性通过了全部的考试。在油田参加工作到现在已经36年，单位虽经历多次的企业改革与重组，但是对个人的影响都不是很大，工作生活基本上都在一个院子里。工作比较平淡，虽然没有什么大的建树，但是生活一直比较安逸。自己2003年离开设计岗位之后，与专业也是渐行渐远，目前基本赋闲，等待退休。

值此入学40周年纪念之际，衷心祝愿5178的全体同学健康快乐每一天，50周年、60周年我们再相会。

2018年5月31日

48.

小平：您好！

5178229 周鹏维

30多年前，手机还没有降生，人际间通信的方式依然是书信。当我提笔写上：小平，您好！这些格式化开头时，正巧有同事路过，一瞥，哈哈一笑：小周，给小平同志写信啦？是的，我的同学叫小平。

大学四年，我和侯小平是同一室、同一侧的上铺，脚对着脚。我们同样来自苏北农村，高考成绩差不多，而且有一个共同点，语文成绩拖了后腿。我记得小平是靖江县侯河公社火花大队常青生产队的。小平姓侯，是否和侯河有关，不知其详。

我们报到后的第一个晚上，大家互通姓名，讲述来自何处。唯有小平讲的话，我们听不懂，他说他是：陕（靖）缸（江）的，他的靖普一直成为笑谈，有同学学他说话，他有时也生气：山东骡子获（学）马叫，获又获不像。说过就忘记了，都不放在心上。

小平是我们的舍长，很勤劳，我们宿舍从来不排值日，打开水、扫地都是自觉行为。没有人计较谁做得多，谁做得少，大家都主动去做，小平也发挥了带头作用。我们宿舍是个和谐的大家庭，没有红过脸。

小平擅长长跑，应该是我们班上长跑跑得最快的人。我们宿舍有个良好的习惯，每天早上大家都跑步，在操场上遛四圈。小平是三级运动员，宿舍的唯一。听小平说，他现在坚持爬山，我不能效仿，膝盖不行了。

我们喜欢吃小平带来的山芋干，甜甜的，特别是晚间饥肠辘辘时，嚼几片山芋干挺开心的。靖江肉脯就是奢侈品了，很难品尝到。

207

大学毕业后,小平分配在纺织部设计院,和季远毗邻。1984年,我出差北京,和他们俩一起吃食堂,还和小平同住一晚。小平很热心,陪我去中南海玩,帮我买到返程卧铺票。

小平回乡探亲,那时都由南京中转,记得有一次我陪他去车站,两人边走边聊,从鼓楼一直走到车站。现在交通发达了,从北京到常州有高铁,小平来南京的机会也少多了。

前年端午节期间,我们宿舍同学在南京小聚。8家16个人,在学校大门口、大礼堂、六朝松下忆旧话新。我们惊奇地发现,8位女士有三位高姓,这概率高啊!

小平的太太高老师是个热情爽朗的人,为小平亲戚读书的事找过我,我回电话给小平,小平竟然说,我说不清楚,让小高和你说吧。高老师告诉我,小平老家的事都由她来张罗。小平找了位好太太。幸福!

孩子渐渐地长大,我们之间的话题也就转移了,以孩子为重心。小平评价自己的女儿:反正比我聪明。我很惊讶!小平是个谦逊的人,从不说大话。果然,女儿是区里的前几名,被清华录取。小平的幸福指数又加了一层。

今年4月,我们在扬州聚会,小平、季远、文学因为工作太忙,未能成行。小平应在今年退休,现在还在站最后一班岗,他这岗站得比年轻人还认真,仍然一如既往地担任项目总负责人,忙得经常加班加点。

我们等着小平退休,可以一起玩!

小平:您好!快60岁了,悠着点儿!多多保重!

仅以拙文献给《土木年华四十载》,为忙碌中的小平代笔,如有谬误,敬请指正。

49.
渡过门前的那条河

5178229 周鹏维

在黄海之滨的冲积平原上，很少有天然河流，老家门前数百米处才有一条人工河，也就10多米宽，我们叫它南大河。我永远铭记：1978年10月15日的清晨，我要来南京报到了。父亲跟在自行车后面走啊走，一直走到大河边。我踏上农船，一只脚一蹬，过了河。父亲羸弱的身影朦胧在晨雾中，我走了很远，回过头，依稀看到他还站在河边。我向他挥挥手，呼喊着：您回家吧！他默不作声，遥望着。40年了，历历在目。

四年大学过去了，我被分配到江苏省高等教育局，分管高校基本建设，做了许多琐碎的事，但有几件事记忆犹新。

1991年，我给《中国高等教育》杂志投稿，被采用，文章的题目是"多渠道解决教职工住房问题的探索"，提出解决教职工住房问题的多种思路，其中，最棘手的是资金问题，提出了"六个一点"的解决办法，将原来单一依赖教育资金投入，拓展到全社会，学校、配偶单位、教职工个人多渠道集资。将"一"个钱，扩大成"六"个钱。教育厅再和学校签约，奖罚结合，加快了教职工住房建设的步伐。据统计，1991年全省省属高校只有教职工住房建筑面积67万平方米，到1998年住房面积突破100万平方米，新增住房面积33万平方米，实现工作满五年以上的教职工有成套住房的目标，较大程度地改善了教职工的居住条件，为稳定师资队伍做出了贡献。

在宁部委高校，而特别是南京大学、东南大学教师住房实在太困难了。我写了一个请示，建议集中征地，建设高校教师新村，直接送到一把手领导手中。这样做是违反机关办事程序的，当时

209

也确有原因。得到了省委、省政府大力支持，省长、副省长都做了批示，我担任筹建办主任。项目竣工前夕，国务院办公厅召开了现场会，李岚清副总理、陈至立部长到工地调研。东南大学从高教新村、阳光广场、月光广场分得住房 700 多套，按新增一套住房，改善三户职工住房条件测算，学校将有 2 000 多户教职工改善了住房条件。如此大幅度地解决教师住房困难，在学校办学史上，是绝无仅有的。

我在南京工作，心系家乡，我是父母亲唯一的孩子。也许是战争年代的磨难，也许是对我的思念，父亲衰老得特别快。他在病中经常念叨我，他不能到车站接我了，也不能到河边眺望了。在我心中，父亲是世上最好的父亲，他善良、包容，对我的爱无微不至。他从来不训斥我，总是耐心地教导我。父亲属牛，正月二十七日的生日，离世时是 1987 年的初冬。父亲走了，我永远失去了父爱。

我感到欣慰的另一件事是：南京师范大学申报"211 工程"，学校最大的困难是办学空间狭小，仅有校园面积 399 亩，还包含一部分住宅用地。"到郊外去，建设新校区"，我斗胆直言，并于第二天去仙林实地考察。星期天，南京师范大学邀请了三位江苏省教育委员会的领导汇报看地情况，我作为一般干部参加了会议。会上领导拍板，南京师范大学在仙林建设新校区。由此，也拉开了江苏高校建设新校区的序幕。

当全省高校建设新校区如火如荼时，母校不为所动。一个偶然的机会，我和学校基建处长谈及此事，他说学校研究过，已有七个校区（四牌楼、进香河、长江后街、丁家桥、将军路、江北两个校区），再铺一个摊子太多了。我提出了校区整合意见。他向校领导做了汇报，领导很重视，请常务副校长易红同志专程来我办公室商谈如何整合校区和建设新校区的问题。其后，我们就新校区建设问题热线联系。

江苏高校于 2002 年大规模启动新校区建设。启动前，全省高校有校舍建筑面积 2 237 万平方米，校园占地面积 8.8 万亩。到 2010 年，全省高校有校舍建筑面积 4 818 万平方米，校园占地面积 18 万亩。仅仅用了 8 年时间，校园面积和校舍建筑面积均翻了一番，年平均新建校舍 400 多万平方米。全省高校大批新校区、新校舍的建成使用，为江苏省高等教育事业做大做强奠定了坚实的基础。

2008 年 4 月，我亲爱的母亲也离开了我。在她弥留之际，我捂着她的手，一遍遍地呼喊，她用尽最后一点力气，睁开眼看着我，然后安详地走了。父亲教育我慈爱和坚强，母亲教会我劳作和女红。这些都成为我的立身之本。也就是在这一年，我申请提前退休，进入国信地产南京公司工作，签约三年，做了四年多。

第二次退休后，我转任书人学校建设顾问，我们用一年多时间，建成了一所现代化的实验学校。

在承担高教新村、教育大厦、国信地产、书人学校等项目建设中，通过优化设计、科学管理，在提高功能、降低造价、保证目标进度等方面做了一些探索，择时再叙。

40 年回眸，我们奉献了人生最为美好的年华，为国家建设做了一点贡献，无怨无悔，无愧于时代。

我仍然经常回到故里，一年好几次，每次住上好几天。我在父亲站立过的河边遐思，耳边回荡着双亲的呼唤。愧疚，感恩！

我叹息，时光不能倒流。

2018 年 5 月 16 日

212

50.
我之结缘土木

5178230 朱学农

筹备进校 40 年聚会的同学们下了命题作文的任务，主题"土木年华四十载"。这么多年我曾写过一些技术学术类的文字，还真没写过这类文章，有点勉为其难。但任务总得完成，将就写了点，啰啰唆唆，不得要领，只好这样交差了。

同学们结缘土木，大都是从进校起算，40 年！而我与土木结缘，牵强点算，有 45 年了。这可追溯到 1973 年 3 月我来到位于徐州铜山县利国公社的盐城县利国小煤矿的那一刻。在煤矿，先是做架子工，任务就是生产支撑巷道用的预制钢筋混凝土梁柱以及筛砂、淘石子、搬水泥、搅拌混凝土、浇捣、起运构件等。后来当掘进工，三班倒，十天一休，每天下井八小时，打眼、放炮、出渣、推矿斗车、支巷道。尽管做的是苦脏累工种，是个拼体力的农民工，但有食堂，有宿舍，有浴室，有工资，有集体文娱体育活动，有一群经常在一起的同龄人。比起下乡插队两年多的务农，以及后来因看不到通过参军和招工改变命运的希望，从代表公社篮球队拿了全县比赛冠军、被公社安排做镇上轧花厂季节工开始漂离农村的几段短期临时工生活，已不知好了多少倍。更牵强一点算，结缘"土、木"已有 50 年，这是从我下乡插队那天——1968 年 8 月 8 日算起的。插队后，从小没正经干过农活的我，成为一个从城市到广阔天地接受贫下中农再教育、同时再挣点工分讨生活的新农民。每天脚踏庄稼地，或是手握铁锹锄头镰刀把，挖田锄地收庄稼，或是肩扛扁担，挑粪挑秧挑粮挑棉花。正是学大寨的年代，农忙时披星戴月，不忙时也从不息工。无论是严寒酷暑，还是风霜雨雪，终日艰苦劳作的同时，还得忙活自己的一天三顿。自留地菜种不好，没菜的时候只能就着盐水吃饭。两年多后，原知青组8人，参军的参军，转走的转走，就剩下了我和另一个同学两个人。当然，真正靠谱的，我之结缘土木，还是应该和同学们一样，从高考后入读工业与民用建筑专业算起。

作为老三届群体中的一员，从准备高考到1978年10月进入大学校门，人生的这一步我走了长长的12年。经历中一些与高考相关的片段及当时的感受，尽管几十年下来已模糊不清，且早已释然，但还是依稀残留在记忆中。

1966年6月中旬，"文革"初期，高考临近，教室内张贴着各个高校的招生简章。正当我们这帮学苏联五年一贯制试验班的应届生刚学完全部课程、才开始紧张复习备考、觉得时间不够用时，听到中央决定当年高校招生延迟半年的消息，都特别高兴，全班同学都觉得松了一口气，教室内一阵欢呼。没想到，"文革"开始，整个社会秩序大乱，高校招生停顿几年后，改为推荐入学。每次都是看到或听到某人去上学了，我才知道有高校招生这么回事，对政审总不过关、又没什么门路的我来说，上大学已是遥不可及的梦。

1977年秋，我被调到矿职工子弟学校做教师，身份当然还是农民工。不久听到恢复高考的消息，重燃了上大学的希望。面对关系到改变自身命运的头等大事，尽管刚翻开曾经那么熟悉的高中课本时仅仅是似曾相识，也没想过放弃。没人请教，就一遍一遍埋头看书、做习题，逐渐找到了感觉。一同备考的同事们中，像我这样的老三届不多，不少同事找来复习资料、请教难题，我常常挑灯夜战破解，帮助同事的同时，也提高了自己。到矿职工子弟学校当教师，1977年高考时误了我，1978年高考时又成就了我：1977年高考，我初试感觉不错，却没获得参加省统考的资

214

格，询问得知，是因为初试成绩未达到徐州市当时针对在职教师规定的分数线，故而无缘省统考；1978年高考前，当时的矿职工子弟学校教师，上常日班，工作不紧张又不再干重体力活，复习时间、精力更充分，高考取得了比较满意的成绩——五门科目总分422.5分。

1978年高考的前一天，和一起参加考试的同事们站在卡车车厢里，从煤矿赶往贾汪考点，一路颠簸了几十公里。高考前后，正值高温，三天的考试结束，走出考场，自我感觉不错。成绩公布之前，心中还是有点忐忑，接到考试成绩单，看到自己的各科成绩和总分，基本在意料之中，但觉得数学还是少了几分，也未去细想。工作几年后，单位管人事的同事清理本人档案时送还我的高考试卷，才发现是一道证明题到最后一步写错了一个字母，扣了5分，现在很后悔当时没把这些试卷保存下来。

填报志愿时，看着招生简章，糊里糊涂，对专业的了解知之甚少，没人指导。自以为是地将建筑系的"建筑学"误认为是纯研究类专业，考虑到自己已是而立之年，还是应该去搞工程、学设计，第一志愿就报了土木工程系的"工业与民用建筑"，误打误撞。去徐州市区参加体检，测血压时，第一次居然高了，还不错，那位主诊医生挺好，让静一会儿再测，总算过关，现在想到此事此人还心存感激。

听到好多考生已相继收到了录取通知书，我却迟迟收不到，望眼欲穿，想方设法请人到徐州市招生办打探，得到答复说，南京大学、南京工学院的还都没下来，稍微放心了一点。9月下旬，收到录取通知书，匆匆收拾行囊，告别了五年半的煤矿农民工生活，从徐州利国辗转一整天赶回盐城。第二天到南洋公社转户口时，由于已离开知青点多年，插队时所发用品中一块床板不见了，公社那位助理非让赔钱不可，无奈爽快服从，缴钱办好手续，也就此结束了漫漫十年的插队知青人生。10月，终于跨进南京工学院的大门，重新开始了被"文革"中断了的学生生活。

5178的四年，同学们尽管年龄悬殊、个性各异，大家都一直和谐相处、互相关照、共同前行。1950年初出生、额头渐光的我，与1962、1963年出生的毛头小伙们在校园的各个角落，在施工实习、毕业设计的不同场所朝夕同框的场景，今天看来肯定要令人疑惑：他们是同学？反差更为强烈的镜头是：因为在从字母ABC开始学习英语的同时，还应老齐之邀，一起去上中学时学过但早已丢了的俄语课，课时冲突耽误了部分体育课，后来不得不再和那些更低年级年龄更小的学生们站在一起，补上了好几节体育课！大二结束的那年暑假，我有幸成为极少数在校期间被批准结婚成家的大学生之一员，同学们、老师们都非常关心、尽力帮忙，毕业前的那个学期，我太太挺着大肚子来校探望，同学们特别是女同学们提供了极大的方便。这些，都是今天看来不可能、当年却实实在在的场景！1990年代在深圳，已是主管部门领导的一位同专业81级校友看到我的第一面，就说认识我，且印象还特别深刻。最近十几年，我在参加一些不同层级的专业活动、与同行们提到某位同学时，还总会有人问我：你们真的是同学？

大学4年，在学识精深、爱岗敬业的老师们谆谆教诲和关爱引领下，学习了建筑结构工程的基本知识和技能，为后来就业、从事土木工程专业工作打下了较为坚实的基础。毕业36年，我一直供职于同一单位，任职于不同的岗位，干的是老本行，主要工作地点多次在古城扬州和新兴城市深圳来回切换。如今年已古稀，工作基本归零，有时回想到与土木结缘这么多年来经历的一些事，反而真切感受到，误打误撞选择的工业与民用建筑专业，对谨小慎微和欠缺艺术天赋的本人，还是蛮合适的。现已与专业、职场渐行渐远，对有关土木工程方面信息的关注却热情不减。不管是在工程实地，还是在各类媒体上，看到那些高大难新工程乃至超级工程或者自己亲身经历过的工程项目，还是会心有所动，更觉得：结缘土木，挺好！

51.
七律　致老同学

5178231 林洋

致老同学

四十年前别家园，

深秋时节金陵见。

同窗四载工业与民用建筑，

依依惜别倍思念。

工程艰辛身手显，

文章传世名列前。

更贺母校占鳌头，

六朝松下聚欢颜。

注：

"鳌头"指双一流评选东南大学名列前茅，土木工程专业在专业评估中获得 A+。

52.
校园琐忆

5178232 刘文学

与蒋永生老师的二三事

（一）

毕业设计时分了几个组，有设计组、试验组等，由各人报名，系里老师统筹分组。我由于假期一直在试验室干活，没有让我报名，直接分去了试验组。当时试验组的事由蒋永生老师和蓝宗建老师负责，这事定了有一段时间以后，有一天蒋老师问我有什么意见，我说当初让我选择的话，我会选设计组。蒋老师说："设计的东西你出去以后很容易上手的，我这里的东西你出去以后学不到的。"

（二）

记不清是上一届还是上两届毕业分配的时候，有人在校园贴大红的决心书，表示要到艰苦的地方去，到祖国最需要的地方去，当时有一些疑惑。有一天，问蒋老师，以前是不是很多人自愿到那些地方去的。蒋老师说："有很多人是自愿去的，也有的人去了后悔的。"

（三）

有一天，问蒋老师，如果你的同学、熟人的小孩高考分数不够，又想上南京工学院，找你，你有没有办法。蒋老师说："只要够了学校的分数线，即使不够专业的分数线，都有办法，不够学校的分数线就没有办法了。"

与程文瀼老师的二三事

有一年暑假，在五系办公室值班。有一天，很多老师回系办公室，好像也没有什么事，程文瀼老师就和几个老师跑到我值班

219

睡觉的房间来聊天、下棋。

（一）

据说，当年南京工学院食堂的饭菜之差在南京高校中是有名的，而现在也还保持着这个光荣的传统。有一年，学生造反，在大礼堂正对的大路两边贴了很多大字报，其中不乏言辞过火者。有的学校领导看了很生气，后果很严重，要抓几个反党分子，去各个系开会征求意见。结果在五系开会的时候，很多老师反对，最后这事也就不了了之了。

（二）

那时有一个学生，拿镜子照女厕所，结果给抓到开除了。阿瀼老师有保留意见，大意是年轻人免不了犯错，要容许年轻人犯错，年轻人要走的路还很长，不要一棍子把人打死。

（三）

阿瀼老师说："毕业分配时要注意北京的单位，不要看北京的单位名字很响，你去北京报到以后，再二次分配，七分八分，不知道分到哪个小山沟去了。"

（四）

和阿瀼老师下过几盘象棋，其中一盘棋，下到残局。由阿瀼老师的单马对我的单象，阿瀼老师的马左跳右跳，想拿下我，我则刚看过象棋残局的书，应对自如，这盘棋下了很久，始终没给阿瀼老师拿下。

校园琐忆

（一）

1990 年代以前，电话还是稀罕物，以前只是看过，并没有用过。有一年暑假，在文昌桥宿舍大门值班。一天傍晚时分，电话铃响，拿起话筒一听，说是武汉的长途，要找 8 舍某某房的某某人。当时答应一声，就把话筒放回电话机上。跑到 8 舍，结果某

220

某房关门没人，而整层楼只有隔开两个房的一个房间有人，亮着灯。由于接电话时没听清某某人的姓名，迟疑了一下，没敢问人。又跑回值班室，拿起话筒说话，对方没了声音。当时疑惑是走之前不应该把话筒放回去呢，还是长途话费太贵，对方等得太久自己挂了电话呢？

（二）

有一年寒假，简洪钰和我都没回家。当时简洪钰有两副手套，其中一副毛线织的，手指头可以伸出来的那种，戴上后手很暖和，手指头又可以灵活拿东西。整个寒假就天天拿那副手套戴，最后都有点舍不得了。

（三）

有一年，学校在玄武湖组织长跑比赛，小平、金鹏、我和林洋报名参加。小平兄和金鹏兄当然是奔着名次去的，我和林洋则觉得自己的长跑成绩不差，而五系的长跑在学校也是有名的，想见识一下。没想到开局的冲刺就很不适应，很快就被拉下了，我跑了最后一名，林洋则没有跑完，最后上了收容车。

（四）

一天早上上课，马健宿舍的人个个眼睛红肿，有人还戴着墨镜。一问才知道，王易非得了肺结核，他们宿舍从医院拿回来一个紫外线灯消毒，给紫外线灯照了一晚上造成的。

（五）

1980年代，电影票还是属于紧俏物资，那时听说上海有很多炒电影票的"黄牛"，南京还不觉得有。毕业以后，有一次和林洋、小豹去浮桥附近的一个电影院看电影，去了以后当场的电影票卖完了。于是三个人就站在电影院门口，由林洋和小豹两人见到来看电影的人就问："啊有票？啊有票？"就这样拿到别人转让的三张票看了一场电影。

（六）

住五舍的时候，有一个星期天早上，和小平、季远跑步，从宿舍出发，经明故宫、中山门，到中山陵回头，再经明孝陵、太平门，回宿舍。跑到太平门附近我就跑不动了，最后那段路是走回来的。

（七）

住五舍一楼夏天那个学期，好像课不多，作业也不多。有一段时间，老朱天天下午打篮球，然后赶在食堂关门前回来吃饭，洗澡，然后和我下五盘棋，睡觉。

（八）

五舍旁边有一个游泳池，夏天开放。游泳池一放水，宿舍二楼都没水。住五舍的时候，有一个暑假，几乎天天跑去游泳，那时游一次泳 2 分钱。

（九）

有一年暑假，江苏高考的改卷老师住在五舍。一楼走廊放了个电视机，晚上放电视。一天晚上，电视上放苏联芭蕾舞团的演出。女主角一出场，有个改卷老师嘴上"啧！啧！啧！"

（十）

住五舍的时候，夏天学校澡堂不开放，大家都是穿一条裤衩，拿一个脸盆，在盥洗室洗冷水澡。有一次看到同济来南京实习的学生在盥洗室光着洗澡，心里慨叹："不愧是大上海出来的人，见过世面。"

（十一）

新生军训，在体育馆那边的体育场操练队列。道路专业只有晓芒姐姐一个女生，排在队列第一位，我们笑称晓芒姐姐是"党代表"。

（十二）

有一次，在前工院上单炳梓老师的课。上到中间，单老师一拍桌子，一指后排："你把脚放下！"回头一看，原来张其林把脚翘在课桌上。

（十三）

听说张涛家是马鞍山的，每个星期回家。张涛在学校不用洗衣服，家里给准备了几套衣服，每天把换下的衣服收在床下，每个星期拿回家去洗。

（十四）

听说李宇进是800度的近视眼，心想："能把眼睛搞成800度近视的人也是不简单。"后来又听说李宇进的近视眼是天生的。

（十五）

邓强、王易非和韩欲平玩集邮。王易非自己做集邮册。出新邮票了，韩欲平就会去浮桥邮局买，有时还会有几个小兄弟跟风。还有什么"首日封"，出新邮票那天，拿个信封把新邮票贴了，拿去邮局盖个戳。有一次，林洋跟风买了个鸡的小本票，后来把里面的邮票一张一张撕了寄信用了。

（十六）

暑假在五系办公室值班，会议室有一个煤气炉。一天中午，放了一壶水在上面烧，一时半会开不了，又有点困，就想去躺会儿。谁知一躺下去就睡着了。正睡得迷迷糊糊，白老师把我叫醒，问："是不是你烧的开水？"赶快跑过去一看，煤气炉已经给白老师关了，那壶水也烧干了。

（十七）

小时候在家见父亲刮胡子，用一把理发店用的剃刀。这种剃刀可能一次性投资大点，但胜在刀锋钝了可以再磨，摊销成本还是较低的。用这种剃刀要有一点技巧，一不小心就会割肉。

在学校时，宿舍几个兄弟，除了周鹏维和老朱，都年纪不大，没长多少胡子，印象也没有什么人刮胡子。

鹏维兄整天拿一个铁夹子拔胡子，老朱则用那种铝盒子装的刮胡刀，盒子里还有一个小镜子，刮之前要用一个热毛巾把胡子捂软。

　　这种刮胡刀我后来也用过。国产的钢不过关，刀片用一两次还算锋利，再用就不太行了，这时用热毛巾是最好的办法，再懒一点，用冷水把胡子打湿也行。如果干刮，则无异于受刑。

　　这种刀片虽然刮胡子勉强，但对割衣服来说，则轻薄锋利，成为小偷作案的首选工具。1990 年代，广州公交车上小偷猖獗。一次，设计院的一个同事坐公交车上班，穿了一件外套，钱包放在外套贴胸的内袋里。在公交车上小偷在外套后背靠腋下的位置，用这种刀片割了一个口子，进而割破放钱包的内袋，将钱包偷走。而那位同事竟毫无知觉，回来办公室还让我们看了他衣服上的刀口。

　　在手绘图的年代，这种刀片也是设计人员的必备工具。在设计院上班的时候，免不了做一点假公济私的事情，领一盒这种刀片回去刮胡子用。

53.
走向大学的记忆

5178233 唐铁牛

"文革"后期，1969年秋季入学重庆杨家坪二小学，开始了启蒙学习。开学第一天，老师做了简单介绍和同学点名后，和蔼地问大家，将来长大后想干什么呀，大多数回答，当一名解放军，保家卫国。对于大学的概念就是，酷热夏天的晚上到重庆医学院看露天坝看电影。初中阶段学工、学农、学军，就没有人说过读书上大学。那时看过一部有名的电影《决裂》，讲的是当时江西共产主义劳动大学，葛存壮扮演一位姓孙的教授，在课堂上起劲地给学员们讲解马尾巴的功能，成了嘲讽学究的流行语，算是理解了大学里的知识分子是臭老九。

1977年秋季转学重庆第二十中学即现在的重庆育才中学高中二年级学习。国庆节后，按惯例学校安排到九龙坡区五七农场学农一个月，这是我第一次离开家庭，感受集体生活。某天学校本部来了几个老师，安排全体高二年级同学进行语文、数学两科考试，事后收卷走人，没有任何说法。一周以后通知提前返校，才知道1977年10月21号，中国公布了恢复高考的消息，并透露本年度的高考将于一个月后在全国范围内进行。为此学校进行了摸底考试，两科120分以上，共计35名同学组建高考班，参加早期培训。经过一个多月的学习，于1977年12月参加了四川77级高考，成绩出来已通过录取线，那时才深深地感受到上大学离我如此之近。当时填报入学申请并不知道考试成绩，老师根据每位同学的考试情况，建议考试最好的前三名可以填报好学校，其余同学继续复习，争取下次考得好成绩。结果是一名上清华，两名上哈尔滨船舶工程学院。

其后我参加了 1978 年高考，取得了较好的成绩。在填报学校专业志愿时，与大多数同学一样，大脑一片空白，无所适从。毕业同学会上，已上学的同学介绍大学体会时，说到北方学校很好，就是天气太冷，生活不适应，吃食以面食馒头为主，蔬菜品种少。而热心的邻居们也各种建议，归纳为衣、食、住、行。认同度比较高的是，建房子比较实在，看得见、摸得着，还有成就感。而我父亲是商业干部，开明大度，一切以我为主，最终填报了素有江南鱼米之乡的腹地——南京，作为人生职业的起点。

重庆的秋天酷热难熬，伴随着火炉的烘烤，天天计算着那决定命运的日子。已不记得是哪天下午，邮递员的喊声，犹如梦中的醒雷。记忆深刻的是，来到我的大学，我的人生、我心中的神圣地方，激动的心情无法形容。南京工学院选择了我，给了我走向大千世界的平台，并贴上了土木工程系学子的标签，学号5178233。

随着重庆朝天门码头开往南京的客船，一声长笛，开始了我40 年南工人的历程。

2018 年 5 月 20 日随笔

54.
因为南工，从此东大牵涟漪

5178234 江金祥

40 年前的那个秋季，我搭乘"东方红"号客轮，顺长江而下离家千里，从湖北来到六朝古都，在 77 级校友的热情帮助下报到南京工学院土木工程系。一个应届高中毕业生从此走入 5178 级这个大学集体，开始工业与民用建筑专业的学习。

十年"文革"累积了十年苦守在大学校门之外的初、高中毕业生，今天终于有机会齐聚全日制大学的殿堂，在同一个年级接受专业知识的洗礼。

教高等数学的刘鉴明老师，从数列极限讲起，用学者语言把微积分课程演绎得丝丝入扣，严谨缜密。佩服大学数学如此讲理，我们中学数学、物理膜拜的公式在这里一个个露出出生地。偏执感叹：若没学过微积分，人生岂不生遗憾有惋惜。

教结构力学、弹性力学的单炳梓老师，讲课比喻生动，活力风趣。他开玩笑说常有人将其名字读成单（Dan）炳梓（Xin），他不感陌生，立刻答应，因为会意。就是这位老师，把这两门复杂、艰难、枯燥的功课讲得行云流水、自然入题，听课听出了享受之趣。这该要多么渊博的学识和充盈的爱心才能把课程操演得如此得心应手，展得开、拢得起。离开南京工学院多年之后，每当我到工地看到锤击桩头时常容易触景生情，想起形象丰满的圣维南原理。

教理论力学的张焕昌老师，话调平稳，课场大气，静力学、运动学的知识在我们面前如随风杨柳，出场次第，款款相随。曾记得，老师在讲牵连运动的公式推导时讲解到"哥氏加速度"，辅之以相关的科学花絮，令人感叹知识的神奇。"哥氏加速度"竟能解释天天使用的卫生间洗脸盆放水时在南北半球旋转的差异、地球运动的"天机"、河流左右岸冲刷的奥秘。多年之后，我站在武汉长江边看着美丽宽阔的汉口江滩，眺望江面紧挨武昌的主航道时，不由对科学心生敬意。老师，也许在你口中相关知识只是轻轻顺带地一提，学生心中不需要想起却难以忘记。

基础课、专业课老师们的精心教学，到现在还不时地浮现在眼前，铭记心里。四年后的夏天，我毕业惜别了南京工学院，离开了5178这个集体，乘坐"东方红"号客轮溯江而上，来到位于武汉的一个建设部属设计院从事结构设计。

接待我的是我工作组的组长，有着令人称道的专业知识和管理能力。他边向我介绍单位发放的规范书籍，边对我说：我对你们南京工学院的丁大钧教授非常敬佩，我们一起参加国家钢筋混凝土规范的编制，多次当面向丁老师请教探讨混凝土裂缝课题，丁老师临别还亲画水墨题诗赠我慰别离。望着老师的字画如此和谐得体合情义，从事工科教学科研任务繁重成就卓著的老师文学功底亦如此深邃，我辈真是望尘莫及。不由想起毕业设计时丁老师常来我们的试验地。仰慕他一脸儒雅，一身厚重，与生俱来的大师气，不禁感叹：知识附体难道也会势利？又不免心生感激：离开南京工学院千里，母校的光辉依然光彩绚丽，老师的光辉依然穿透有力。

30年前，南京工学院更名为东南大学，不一样的名字，我们一样的热爱，一样的珍惜。因为东南大学的老师就是教导我们成长的南京工学院老师，东南大学的校园就是我们心中南京工学院的圣地，"东南院"这座教学楼从我进入南京工学院就一直矗立在那里，呵护我们上课，倾诉东南大学血脉指引，东南大学轨迹。

25年前，我打开电视，看到中央电视台播出文化部部长刘忠德访问记。刘忠德，亲切的名字、熟悉的脸庞立刻唤回我难忘的记忆。"五五楼"黑板划过老师讲授"弹性地基梁"的粉笔，"结构试验室"印证过老师治学严谨的足迹。离校多年难得亲见老师，书到用时方恨少时方想起老师教诲，后悔当时少努力。现在电视多少聊慰我们看见老师的希冀。电视，我对你默默感激，电视，你不但有才有艺而且多情多义。

15年前的一天，我同事跟我讨论PKPM软件的应用事宜，并炫耀地说在南京开会曾和林洋博士在一起。我翻开软件说明书，看到邵弘同学在中国建筑科学研究院作为骨干为土木结构设计开发软件贡献智慧和心力。记得当年和林洋同学从南京寒假坐船回老家，没有买到四等舱位，只好睡五等散席。冬夜的凛冽江风让人彻夜地席地难眠，由衷感慨生活的不易。

10年前的一天，我外派深圳，从报纸上了解到，尊敬的蒋永生老师去世了，止不住溢泪。难忘在毕业设计时蒋老师对我生活上的嘘寒问暖，学习上的鼓励启迪。在浙江大学实习后回南京工学院的火车上，蒋老师感触地说：南京工学院土木工程系之所以成果不断，就是心无旁骛，重点突破，紧盯课题。言犹在耳，斯人已逝。老师的关怀丰富着我内心的感动，提升了我前行的动力。没有等到我们的告慰，老师就与我们阴阳分离。默然上班，漫步在福田的街上，迎面竟然遇到了代表华东建筑集团视察深圳工地的朱学农同学。离别多年，离校千里，惊叹同学何处缘不随。想想朱学农同学在南京工学院像大哥一样关心我们，"文革"耽误了他上大学的进程，迟到的高考却无意间收拢了十年之内的初高中毕业生，变身为大哥哥大姐姐与我们1978年的应届高中毕业生同在5178团聚。你说，这是不是我们收到的意外厚礼？我们这届小学弟小学妹们哪里修来这样的福气！到了单位，公司新招的员工正在培训学习，一个新员工对我说：我刚从东南大学毕业，导师孟少平。他是我们5178的同学啊，从东南大学土木工程系5178级已经发育得根深叶茂，生生不息。

5年前的一天，新闻联播出现了郭正兴的画面，背景是号称"天眼"的"FAST"建设工地。我们51781班班长在祖国的超级工程中张起东南大学土木工程的实力。不久我又看到当地报纸报道，"人民日报"新大楼设计主持人：周琦。想起当年周琦与我同为室友，家住南京市内，周末常在我们的羡慕目光中骑着自行车归家，意气风发，学着工业与民用建筑，"算计"建筑系，终于如愿以偿在东南大学建筑学院将建筑与结构完美合二为一。

　　一年前，中央电视台热播了电视剧《人民的名义》。女儿说：爸爸快看，你们东南大学校园出现在了剧里。女儿两年前曾要我带她看过我求学的东南大学，当即记住了校园的美丽。我一看，果然，剧中东南大学四牌楼校区正门校园内中央大道两侧高大的悬铃木导出的大礼堂重新浮上当年的记忆：左边的"五四楼"常听到晚自习没找到座位的叹气，右边的操场常传来助威呐喊彼伏此起，两侧的阅报廊常见同学们挤站阅读时事消息，相邻的图书馆常出现同学占位"小把戏"，大礼堂后面西北侧的"六朝松"顽强屹立。想起"六朝松"，那苍劲的身躯似乎要告诉我们人生的短暂、存在的美丽、时间的真谛。感谢"六朝松"，我们不能经历东南大学这块土地上的过去，在你身上我们能感受到这块土地上学者们千年勤奋努力的呼吸。

　　今年4月，周鹏维同学把我带进了5178级微信同学群。离校多年，书记还在热心地操劳着这个集体，久违的同学形象又现清晰，热情的招呼再次把我带回刚入南京工学院时的甜蜜。以至于近校情怯，一时哽咽。

　　回首40年，5178级应时而生，向涛头立，光荣与梦想同步于祖国改革开放40年的步履。我们有幸见证了中华民族振兴富强的进程，我们有幸参与土木中华壮丽辉煌的奇迹。回首40年，感动和感恩的思绪不断牵起感情的涟漪：感谢你，南京工学院；

祝福你，东南大学。祝愿教育过我们的老师，健康长寿路上风景美，祝愿我们 5178 级同学，幸福快乐常相忆，相忆累了聚一聚。祝愿呵护过我们的东南大学人才济济、硕果累累，香遍万里惹人醉。

2018 年 5 月 29 日

55.
东西南北的 40 年经历

5178235 陈长兴

1960 年 4 月，我出生在无锡市太湖鼋头渚风景区长桥，小时候在船上生活，1966 年集体在陆上定居。我于 1967 年进入小学学习，课外从事集体组织的编草包、糊纸盒劳动，农忙季节从事农业生产劳动。

1977 年 7 月，我高中毕业。同年 10 月国家宣布恢复高考，我报名参加了 1977 年江苏省高考，11 月初试合格，12 月正式考试未录取。后留校继续复习，参加了 1978 年 7 月全国统一考试，1978 年 10 月我考入南京工学院（1988 年 5 月更名为东南大学）土木工程系工业与民用建筑专业学习。1982 年 7 月毕业，分配到国家建筑工程总局第一工程局（1982 年 6 月已经改为中国建筑第一工程局）。

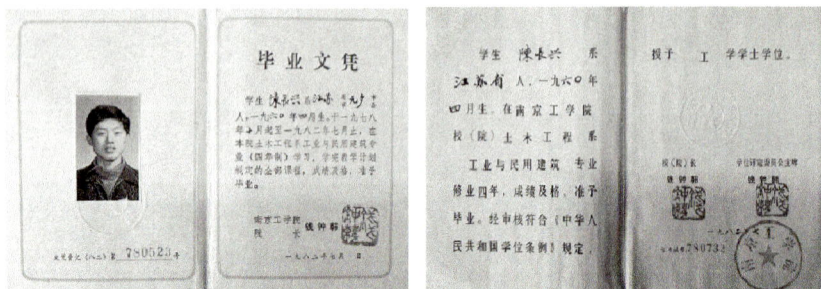

图 1 毕业证和学位证

图 2 第一学年、第二学年成绩单

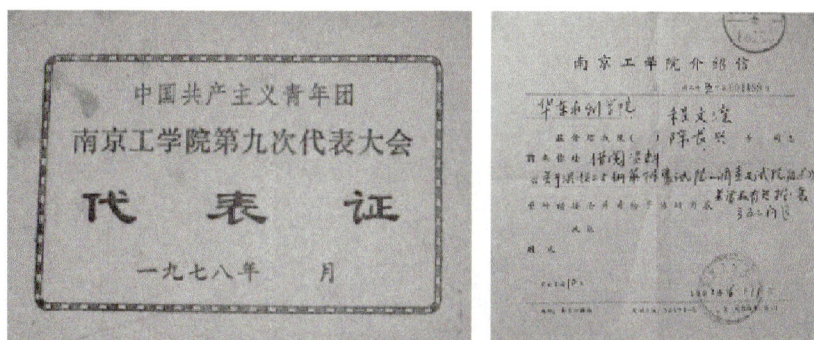

图3　出席团代会的代表证、毕业设计借阅资料的单位介绍信

　　入学至今40年过去了，回忆在大学的学习和生活，我首先想到了四牌楼校园，具有东南大学标志的大礼堂、图书馆和体育馆，具有年代特点的五四楼、五五楼，具有专业特征的结构实验室，也想到了当时八人一间的学生宿舍以及早、中、晚用餐的学生食堂。

　　在东南大学完成了大学本科学习，老师讲课的风格记忆犹新。基础课老师讲课逻辑严谨；王洪祖老师讲授的"建筑制图"，是从事专业的工程语言和设计手艺；张焕昌老师讲授的理论力学，开启了学习力学知识的大门；关来泰老师讲授材料力学采用原版教材，讲课风格真实自然；单炳梓老师讲授结构力学（上）和弹性力学深入浅出，幽默风趣；何达老师讲授结构力学（下）严肃认真，严格要求；袁必果、童启明老师讲授钢筋混凝土结构理论结合实验，条理清晰；何德生、葛均圃老师讲授钢结构重视课程设计；杜训、钱昆润、李金根老师讲授建筑施工理论结合实际，重视现场；刘学尧、张克恭老师讲授土力学与地基基础知识面宽，经验丰富；符芳老师讲授建筑材料重点突出，侧重材料试验；黄兴棣老师讲授的砌体结构，是当时多层民用建筑普遍采用结构形式；时任副院长的刘忠德亲自讲授弹性地基梁，体现领导与长辈对学生的亲切关怀与关心。

233

图4 《材料力学》原版教材

程文瀼老师指导毕业设计内容丰富，包括钢筋混凝土框架设计、论文翻译和论文写作。毕业设计期间到北京参观学习，住在北京建筑工程学院（现改名北京建筑大学）招待所，在北京市建筑设计院听取了有关结构技术负责人讲解框架结构梁柱节点抗震设计内容，参观了合资建设的西苑饭店工地、中国邮票总公司大楼工地、王府井商业楼升板结构施工工地，在中国建筑科学研究院听取了规范编制组有关国家规范编制情况的介绍。

在东南大学共同的生活，同学们结下了友谊，一起上、下课，一起用餐，清晨一起跑步锻炼，在礼堂一起看电影，在集体组织下一起郊游。

图5 大学合影留念

56.
我的 1978 前前后后

5178236 周琦

　　我出生在一个军人世家，从小因为父亲而随军，军队大院是我生活的地方。我喜欢军营里的跌打滚爬和各式各样的武器装备，我在很小的时候就立志要做一名军人。中学时我接受了军事上的训练，学会了擒拿、格斗等军事技巧，还经受过专业无线电收发报技术。我的兄弟姐妹大部分都成为军人，我也认为自己是个军人，或者至少是半个军人。青少年时期，记得是十来岁到十七八岁之间，养成了阅读的习惯，家旁边隔了一道墙是一个被查封的图书馆，我偷偷爬进去，找里面的书看，从古典、经典小说，到历史、地理、人物传记，不亦乐乎，痴迷其中。在"文革"期间，教育荒废的年代里，习武和阅读打发了我的时间，也充实了我的精神世界。在我高中毕业的时候（1975 年 7 月），响应"上山下乡"号召，"插队落户"到了位于江苏省南通市如东县海边的一个畜牧场。这一去就是三年时间，直到 1978 年 9 月考入大学。

　　畜牧场的工作主要是养水貂、养牛和改善良田，在冬季农闲的三四个月份中围海造田。当时围海造田全靠人力，需要不断地挖掘黄海沿岸滩涂里的海泥，然后用这些泥筑成大坝以阻止来年海水的灌入，如果一切顺利，滩涂就变成了田地。每年的冬季我们都在围海造田，一直做了 3 个冬季，对此我记忆犹新。冬季的生活是忙碌的，每天的工作时间长达 12 小时，尽管一天有 5 顿饭，但能吃到的基本上只有大米饭。一天吃 5 顿饭的安排是应高强度的体力劳动之所需，当劳动间隙中的用餐时间来临时，我们大多都已饥肠辘辘。农村的大米比城里的大米好吃许多，它们非常新鲜，又香又黏，也没有被施过多少农药和化肥。记得当年十八九岁的我每顿都能吃掉半斤到八两的大米饭，一天下来就是三斤到四斤的大米饭。除此之外，偶尔会吃到一点肉，但没有蔬菜，能算得上菜的就是油、盐、酱油和面条汤。

睡觉也是一件不容易的事。因为住在海边，空气异常潮湿，所以我们的铺盖下都会垫上很厚的稻草以隔绝湿气。湿气很顽固，它会不断地穿透稻草，往上蔓延。每天醒来时，我都是躺在一个被压扁了的，湿乎乎的稻草垫子之上——湿气可以在一夜之间将原本 1 米厚的稻草垫子压缩至 20 公分的厚度。我们总是希望能遇到好的天气，因为如果遇到不好的天气，我就没法晾晒我那被湿气所浸泡的稻草垫子，然后晚上就得继续睡在湿垫子上。

围海造田而来的田地往往是不适宜耕种的盐碱地，将盐碱地改造成良田是生产劳动中的一个重要环节。我对改造良田这件事充满兴趣，为此我看了很多书，也尝试了很多方法，一心想把盐碱地变成良田。改造的过程曲折但也充满惊喜，当看到自己挥洒了汗水的土地由一开始只能生长耐盐植物的盐碱地，慢慢地变成能长出水稻与棉花的良田时，我感到了由衷的快乐。现在回想起来，"上山下乡"是一段艰苦的经历，但是因为当时很年轻，充满朝气与理想，所以并没有觉得很苦。在畜牧场劳作还有工资可拿，第一年的月薪是 12 元，第二年是 15 元，到了第三年就是 23 元了，这份收入基本上能够满足我的个人生活开销。也正因此，我从 18 岁离开家后就自立了，没要再花过家里的钱。"插队"的这段经历对我的人生很重要，但也所幸这段经历没有持续太久。1978 年我开始大学阶段的学习时是 21 岁，尽管上学晚了几年，但也算是一个正常的读大学的年龄。

记得当年是在报纸和广播中得知了"恢复高考"的消息，我满怀憧憬地报名参加了1977年底的第一次高考，匆忙之间考试失败了。我没有打消上大学的念头，所以时隔半年又一次走进了高考考场。这次高考我是有备而来的，考前做了大量的题目，在劳动间隙时抓紧一切时间看书恶补。当时没有培训班，也没有老师答疑解惑，都得通过自学解决问题。我至今都记得我第二次高考得了384分，那是一个挺不错的成绩。当时一共考了数学、物理、化学、政治、语文这五门课，还有一门不计分的外语，所以五门课平均下来每门课七八十分，全部及格通过。

南京工学院是我填报的第一志愿，选择"工业与民用建筑"专业是受我二舅舅的影响。我的二舅舅是中华民国时期培养出的纺织工程师，他认为男生就需要去工科。有一次二舅舅从天津来到我家里做客，当聊到职业选择时，他说："男孩要学就学工科，靠手艺吃饭。"男人有手艺才能吃到饭，过去古代的工匠、木匠、瓦匠都是靠手艺吃饭。当时我和我的父母对于自己要学什么没有任何概念，所以就认同了二舅舅"男孩要学就学工科"的观点。二舅舅认为建筑专业不错，他看到南京工学院有一个"工业与民用建筑"专业，还有一个"建筑学"专业，他说建筑学专业可能以理论为主，工业与民用建筑专业更像是做建筑设计的，所以就选择它吧。我直到入学后才发现"工业与民用建筑"专业其实就是我们现在的"结构工程"专业，它并不做建筑设计。不得不说"工业与民用建筑"是个非常含混的词，当年很多考生都将它理解为了"建筑学"。"工业与民用建筑"这个说法当年是和苏联学的，现在已经不这么称呼了。

就这样，我在 1978 年 9 月回到了南京，开始了在南京工学院的大学生涯。当时能够以一个新时代大学生的身份回到家乡读书，对于我而言是件非常兴高采烈的事情。我的父母和兄弟姐妹都在南京，在"插队"的那几年我每年都会回家探亲——以一个农村人的身份。我会拎着一大批的农副产品：牛肉、大对虾等等，坐着长途汽车，一路辗转地从南通的海边回到南京的家中。在我父母居住的部队大院里，像我这样一个落户农村、晒得漆黑、土里土气，总穿着黄色旧军衣的人是很受歧视的。南京话里管我这样的人叫"插子"。每次回家，总有同辈的人说我是"插子"，是农村人，这让我很是沮丧。而这次不一样了，我是一个靠自己努力考上大学的大学生，所以终于有了一种抬头挺胸、趾高气扬的感觉。我的父亲也很为我感到骄傲，我是他所在的军区大院（湖南路 10 号的江苏省军区司令部大院）里唯一一个考上重点大学的人。我没有通过找关系当兵，也没有走过任何形式的"后门"，而是通过考试改变了自己的人生轨迹。

大学四年的工科训练非常严格，当年的南京工学院在全国的大学排名中很是靠前，因为它的前身是全国最好的工学院：中央大学的工学院。1952 年的全国高校院系调整将中央大学（当时叫南京大学）的工学、农学、师范等院系进行了拆分，分别成立了新的高校，只有工学院留在了校本部。南京工学院的工科很厉害，师资力量也很强大，教学团队中包括一批著名的民国时期的海归教授，还有从各个地方的"牛棚"回来的"文革"前培养的老师。这些老师非常珍惜重回讲台的机会，他们犹如又一次拥抱了青春。我记得当时所有的授课老师，不管是高等数学课，还是物理课、工程力学课等课程的老师都是在用生命上课，他们全情投入，执

238

着、认真——这种场景极大地感染了我。

我的同学们来自全国各地，穿着各种各样的制服，从事过各式各样的职业，说不同的方言，年龄的跨度也很大。这是个很有趣的现象，不像现在的大学里同学之间都是同龄人，入学前也基本上都只当过学生。在我们班我的年龄算是中等，最大的同学大我十岁以上，最小的要小我三岁。全班不到40个学生，女生只有两三个，这让她们很是抢手，很多男生都要追求她们。我羡慕那些很早就谈恋爱的同学。班上有一批很活跃、很优秀，也很时髦的男生，他们擅长体育，还会拉小提琴等各种乐器，相比之下，我这个从农村回来的就很普通了。我上学时住在家里，尽管学校在沙塘园有宿舍，但我更愿意走读。我骑自行车从湖南路10号的家去学校，途经鼓楼，上下爬鼓楼坡，大概15分钟就到了。学校的集体活动比较多，但大家在学习上也都很用功。

作为一个工科的学生，我觉得力学方面的学习对我的影响最大，对此我仍然印象深刻。在南京工学院，工科学生是按照工程师的标准进行培养的，在课程设置上力学很重要。我对力学很感兴趣，不论是理论力学，还是材料力学、结构力学都很让我着迷。我以全优的成绩学完了这三大力学的课程。力学告诉了我在地球重力的影响下物体如何平衡，宇宙是怎样构成的。地球表面的重力是力学关注的重点，我喜欢琢磨重力平衡下的物体形态以及它们的构造方式。材料力学将钢材、木头、水泥、砖块等材料的性能和微观尺度下的变化生动呈现，对此我很是受用。结构力学塑造了我对于空间结构的整体概念。尽管毕业后我没再从事过土木工程的工作，转而开始了建筑学专业的学习，但是大学四年本科教育所培养出的科学、理性态度，和工程师的严谨、求实精神以及由力学知识所建构的世界观，为我之后的工作打下了非常好的基础。这并不是说我既能做结构专业的事，也能做建筑专业的事，而是说在建筑设计的时候，尤其是在构造空间的时候，我能理性、逻辑地对待空间、杆件和结构，做到比较好地应用它们。

有两位老师给我留下了很深的印象，一位是袁必果老师，一位是金宝桢教授。袁老师教我们的钢筋混凝土结构课，这门课本该很枯燥，但她却教得很生动。袁老师当时30多岁的样子，说着带有浙江口音的不是非常标准的普通话。我记得她用粉笔写板书时的样子，也记得她充满活力地描述板书内容时的言谈举止。当她讲到徐变，讲到钢筋混凝土的性质、钢筋的结合等知识点时，我感到自己似乎可以触摸到这些材料，可以揉捏它们，塑造它们，一切都栩栩如生。

金宝桢教授在我入学时已经过世十年了，我并没有见过他本人，"认识"他是通过《结构力学》这本教材。金教授是《结构力学》的主编，也是中国近代时期最富有成就的结构力学专家之一，在当年中国的结构力学界颇具权威。他早年留学美国，1949年后担任过南京工学院的教授和土木工程系的系主任、副院长。我很喜欢结构力学这门课，对《结构力学》这本书百看不厌，我真的把它给翻烂了。金教授的《结构力学》是众多大学教材中留给我印象最深的一本，我曾记得里面所有的计算公式，并对那些构件、杆件念念不忘。金教授的《结构力学》在当时中国大学的土木系中广受欢迎，清华和同济也在用它做教材。在十多年前我有缘偶遇金教授的儿子金凯生先生，我提到了他的父亲，金先生很是感动，他说没想到我对他的父亲印象这么深刻。我们就这样成为好朋友，每次和他相聚时我们都会拿他父亲的《结构力学》作为一个聊天的题材。

　　大学毕业后出于种种原因，诸如兴趣的原因、工作机会的原因等，我转行从事了建筑学，然后留在母校当了大学老师，同时也是建筑师，还研究建筑历史，主修西洋建筑史。在 1990 年代，我留学美国，攻读建筑学的博士学位。之后我在美国和中国做建筑师，最后又回到了母校，现在在东南大学建筑学院做老师，进行建筑史研究，同时也开展建筑遗产保护和建筑设计的工作。就这样一路走下来，虽然我没有做过一天的结构工程师，但却深受这段学习经历的影响，受益于由工科训练而培养出的工程师直觉。回望走过的路，觉得大学四年的历程最是难忘。

　　谨以此文纪念那段生活。

57.
纪念入学南京工学院 40 周年书画偈颂

5178237 黄群辉

丹青不知老将至，暇满人身众乐乐。话里画外总系情，妙湛学府百年尊。劫难十哉迈新春，六朝古松发幼枝！感恩邓公筹划育才宏图，感恩诸师辛苦传知授技，感恩同窗帮扶毕业共效国家献才华！谨以此致颂高考、入学的前前、后后、里里、外外的你、我、他。5178237 黄群辉于京华燕山脚下、朝白河畔，敬请各位方家指正！

祝 5178 的学友、老师、领导吉祥如意，扎西德勒！

2018 年 6 月 9 日

唯有牡丹真国色　花开时节动京城

潮平两岸阔　风正一帆悬

北京平谷万亩桃红似海　感念代代园丁劳苦培育桃李满天下

243

58.
我的高考和人生经历

5178238 梅建芬

　　这几天，在南京工学院 5178 群里经常有催交作业的信息，同学们都已纷纷提交了各自的高考故事和与土木结缘的经历，精彩纷呈。纪苏同学还时不时地来催交作业，对于我这种写作能力极差的人来说，如临一场考试。为了我的那页不留白，就只能说说我的流水账了。

　　记得从小学四年级开始，"文革"就开始了，我从小学到高中毕业，学习都是断断续续的。小学读了五年半，由于招生制度的改革，在家休学了半年。接着读初中，初中读了两年半，又在家等待了半年，等来了高中招生的消息。那次的高中招生考试居然很严格，像高考一样，每人一张课桌，事先贴好名字，进考场对名字入座。那次我的考试成绩非常好，但当时是干啥都要根正苗红的年代，由于我的家庭成分是上中农，据说还是我初中老师据理力争才被录取高中的，所以我一直很感激我的老师们。当时受读书无用论的影响很深，我妈妈的感觉是读不读高中都无所谓，把选择权交给我。我是从小喜欢读书的乖孩子，选择了读高中，也感谢父母付出极大的辛苦，支持我读了高中。高中毕业，回到农村。我的命运没有我们大学同学中应届高中毕业的同学那么好，但比老三届同学要好一些，回家没两个月的时间，又回到了母校——江苏省奔牛中学。本来他们是让我当初中的数学代课老师的，正好校办工厂也在招工，我感觉自己的字写得太丑了，就要求去校办工厂工作。由于自己目光短浅，高中毕业后就从来没碰过书本。当 1977 年恢复高考时，以前学的那点东西都忘得差不多了。那时正值年底，厂里要加班加点完成合同签订的任务，

244

所以没时间复习就匆匆参加 77 级高考了。第一次地区考还侥幸过关了，第二次省统考，数学、物理都没考好，知道没戏了。春节后交接完手头的工作，停工参加补习班，系统补习了三个多月，再次参加 78 级的高考，终于圆了我的大学梦。感谢伟人邓小平恢复高考，使我有梦想成真的机会。

记得填报志愿时，我的语文老师说，女孩子读医学院或者师范学院都比较合适，物理老师说，南京工学院的土木工程系比较好，全国都有名的。我当时根本不知道土木工程系是干啥的。想想老师说好总是好的，就稀里糊涂地在第一志愿填了南京工学院土木工程系，也没具体填哪个专业。最后幸运地录进了工业与民用建筑专业，跟大家成了朝夕相处四年的同学。转眼间毕业已经36 年了，同学们当年背着书包到处找地方、占位子看书，做习题，刻苦攻读的情景仿佛就在眼前。前工院、五四楼、五五楼等这些熟悉的名字将永远铭记在我们的心里。曾经佩戴过的校徽，是我们的骄傲和自豪，也赋予我们一份责任和使命，所以一直珍藏。

大学毕业被分配到武汉城市建设学院（现已给华中科技大学合并）工作，在力学教研室当了两年结构力学的助教，后又到结构教研室，带过一届毕业设计，第一批评职称时评上了讲师。当时感觉在大学做老师也蛮好，也很喜欢这个职业，就是离家太远，再加上家母身体欠佳，老人家强烈要求我调回江苏，方便经常回去看望。经过多次努力，终于在 1988 年 10 月份调到无锡市第二建筑设计院工作，后又调到无锡市城市设计院工作，从此开始从事结构设计的生涯。我们这代人吃过苦，能吃苦是经过无数事实证明了的。我们是祖国改革开放 40 年丰功伟绩的见证者，也是祖国改革开放 40 年的红利的分享者。我们这代人赶上了城镇化建设，大兴土木的年代，设计了许多高楼大厦和各种工业与民用建筑，这也是难得的时代机遇。无愧于所学专业，也无愧于南京工学院对我们的培养。我从毕业到退休，一直从事技术工作，一些行政职务，仅是兼职而已。虽然跟图纸打交道比较枯燥，而且经常加班加点很辛苦，但看着蓝图变成一栋栋拔地而起的小洋楼、高楼大厦……也就乐在其中啦！从刚开始自己计算画图，到担任总工程师，一路走来，都感觉我们肩负百年大计工程，任重而道远，马虎不得。知识更新日新月异，为了跟上时代的步伐，也为了胜任自己的工作，只有不断学习，不断提高。其间考注册、升职称是必不可少的。由于工作认真努力，曾获得了2006年度无锡市优秀设计工程师的荣誉，荣获2008年无锡市知识型职工标兵和2006—2008年度无锡市劳动模范的荣誉称号。这就是我的流水账。

感谢一路走来关心和帮助过我的同学、同行、老师和领导们。祝大家身体健康！开心享受今天和更美好的明天！

2018 年 6 月 1 日

59.
我这40年

5178239 吉同宁

1978年10月17日清晨，父亲送我至盐城长途汽车站，我怀着激动的心情乘坐近九小时长途汽车来到人杰地灵的古都南京，前往南京工学院，开启了我的大学生活，翻开了人生新的篇章。之前，我高中毕业已三年，务农一年，在家乡友盟小学担任民办教师两年。

大学里，基础和专业课程开得多，每位任课老师都学识渊博，授课认真。教授们讲课风格各异，有的风趣幽默，有的严肃持重，殊途同归，目的就是倾囊相授，竭己所能给学生尽可能多的知识，培养学生的专业素养和获取知识的能力。所有同学都如饥似渴地学习、获取知识。每到答疑课，老师就被同学们簇拥着，同学们踊跃提问，老师耐心答疑解惑。每当自己的问题得到解答，提问者总是开心地退到后边，继续聆听其他同学的提问和老师的解答，唯恐自己还有哪个问题没发现。清晨，校园的树林下、道路旁，随处可见学外语的同学，有出声的，有默读的。体育老师教学也是言传身教，他们不仅给同学们体能训练指导，还担心同学们只注重基础知识和专业课的学习，忽视体育锻炼，经常提醒同学们要有好的身体才能学有所用，更好地服务于社会。

留不住的岁月，抹不去的记忆。40年过去了，难以忘怀老师的辛勤培育之恩和同学们当年忘我的学习干劲。

1982年7月，我被分配到南京水泥工业设计研究院（2000年改制更名为中国中材国际工程股份有限公司），凭在大学学到的知识和技能开始我的结构设计工作，直到2012年退休。在一个单位整整工作30年，我亲身经历了我国水泥工业的由弱到强，参与了水泥工艺由湿法生产到干法生产的发展过程，体验了水泥工业从国内走向世界的艰辛历程。我参加过百余条大中型干法水泥生产线的设计，包括 20 多条大中型国内外水泥生产线的总承包工程。我将所学专业知识运用于工作实践，在实践中又提高了自己对专业的认知。

1993 年，我院承接中外合资江南小野田 4 000 吨 / 天水泥生产线工程的设计工作。该工程共有两个较大规模的钢结构子项，其中一个窑尾塔架已在合资合约中明确由日方设计，另一个则是大跨度纯钢结构石灰石预均化堆场厂房子项，由于该子项设计费高，日方也一直在谋求该子项的设计。我院领导深知业内尚无此规模的设计先例，担心承担设计该子项有困难，当时我是这个工程的结构专业负责人，责无旁贷。作为主设计人，我放弃了去日本考察的机会，集中精力，克服了一些困难，按期圆满地完成了该设计。

台湾独资的福建龙岩三德 2 000 吨 / 天水泥生产线工程由我院设计，工程引进德国洪堡公司的主要水泥生产设备。1995 年 2 月到 3 月，我参加了本项目仅有的一次境外设计联络，地点在洪堡公司设在美国亚特兰大的分公司。结构专业出访两人，我与另一位 1960 年代初浙大毕业的前辈每人负责几个车间，有分工也有合作，谈判对象是一位美国人和一位德国人。我借助于在校打下的扎实基础，遵循技术规律，本着协作互利的态度与对方交流，使设计联络取得满意的成果。遗憾的是自己英语水平差，不能直接交流，主要的技术谈判都是通过翻译完成。

从 2004 年底始，我公司大步跨出国门，承接国外水泥厂建设总承包工程。第一个项目是沙特 Tahamah Cement Plant 6 000 吨 / 天水泥生产线工程，合同要求按 DIN/ASTM 标准设计，设计图必须经业主聘请的奥地利土建专家审批通过才允许施工。这个要求对土建是个大难题，我和同事们对 DIN/ASTM 标准都不了解，身为土建设计研究所所长，压力巨大。经过反复斟酌，我提出一个节省又有远见的办法：短时间聘请德国土建设计专家来我公司交流，互相对照中德设计规范的异同点和主要构造的不同之处，在设计中进行转化和对接。该建议得到公司领导的大力支持。2005 年初，我跟随公司领导前往德国考察土建设计软件，了解有关使用情况，并聘请了两位德国专家到我公司工作两个月。实践证明这个方法很有效，为我公司在其后陆续承接国外总承包工程打下了坚实的基础。

回顾自己的人生，我感恩邓小平！1973 年小平同志刚复出抓教育，免去了上学推荐程序，我因此才获得了读高中的机会；1977 年又是他一锤定音决定恢复高考，我搭上了这趟幸运的列车，进了大学。在我人生最美好的年龄段正赶上国家改革开放大发展的美好时期，使得我能学以致用。

如今，退休了，时间完全自己安排，我会通过看电视、读报纸，了解国家大事和祖国取得的新成就，也会实地走走，看看祖国的美丽乡村，享受现在的年龄和状态，保持天天好心情。莫道桑榆晚，为霞尚满天！我衷心祝福老师同学们健康、幸福！每天开心！

2018 年 5 月 29 日

考 生 须 知

1. 凭证准时入场，对号入座。直证于桌面左角，供核对。
2. 遵守试场纪律，保持试场肃静，独立进行答卷，规定时间内交卷。
3. 文具用品自备，作好考前准备，中途不得离开试场。
4. 缺考不补；迟到15分钟以上作弃考论。
5. 本证只供考生本人使用，不得涂改借用。
6. 考试时间：（外语口试时间另行安排）

日 期	上 午		下 午	
	时 间	科目	时 间	科目
7月20日（星期四）	7：30～9：30	政治	2：30～4：30	物理历史
7月21日（星期五）	7：30～9：30	数学	2：30～4：30	化学地理
7月22日（星期六）	7：30～10：00	语文	2：30～4：30	外语

高等学校统一招生

准考证

考区 盐城地区 县
类别 理工科
编号 140015
姓名 吉同宁
选考外语语种 英语
加试科目

发证日期一九七八年七月一日
（此证代报名费伍角收据）

姓名 吉同宁
性别 女
出生年月 1957.2
所学专业 结构
离校工作部门 土木工程系
在校学习时间 1978～1982

校友证编号 000382

南京工学院
校友证

吉同宁
中材国际南京水泥设计研究院
全国建材行业企业管理
优秀工作者
中国建筑材料企业管理协会

251

60.
40 载
——我的土木年华

5178240 李宇进

今年是我们进入大学 40 年，也是中国改革开放 40 周年。作为波澜壮阔的中国改革开放亲历者和见证者，从个人（4 年求学，36 年从业）从事工业与民用建筑行业的经历来回顾这段历史，或许能从某个角度来折射时代的变迁。

难忘的高考

一切已经十分遥远，一切仿佛就在眼前。

我家兄弟姊妹三人，自 1974 年春天姐姐下乡起，我每年暑假都去农村，帮助我姐的"双抢"——抢收抢种。亲眼见农民们每天十几个小时劳作，背晒太阳，面朝水田，衣服上的汗干了又湿，湿了又干，水田的蚂蟥叮在腿上，也是拍拍了事。我的事不过是洗衣做饭，并不累，只是农村的各类蚊子太凶猛，我裸露在外的手脚，被蚊子咬得密密麻麻没一块好皮肤。我哥哥已在城里工作，按政策等待我的就是上山下山，其实苦点也算了，只是不知道这日子什么时候是个头。心里一直忐忑不安。

改革开放的第一声春雷在 1977 年 10 月 21 日响起，那天主要新闻媒体以头号新闻发布恢复高考的消息。此时我是杭州市第十一中学高一的学生，第一感觉是难以置信，随之而来的是激动而又期待，真的是做梦都没想到。从小学到高中，上大学是不敢奢望的事。机会来了，那就一定要抓住它。我虽是在校生，可真心没学到多少知识，基础薄弱。我们每年学工、学农、学军、劳动占了很多时间，还要参加各种政治活动，有限的时间学的都是所谓面向社会实践的有用知识。记得物理学的是"三机一泵"，

252

什么四个冲程的，化学好像学了点农药、化肥什么的。语文也就是读点小说罢了。我只是在农村的时候，闲得无聊翻了翻家姐的"青年自学丛书"，第一次知道了牛顿定律。当时也没有丰富的资料，更没有"高考指南"，全凭老师们在课堂上辛勤教学、答疑解惑。

多年以后，一位发小和我聊起1978年的那个炎热的夏天，她说，"那段时间我们同学都在院子里乘凉，抬头望去，只有你家亮着灯"。确实那时我不敢浪费时间，每天都学习。经过大半年左右的复习迎考，于1978年7月20、21、22日在杭州市第十四中学参加了高考。那年的杭州酷暑高温，又没有电扇空调之类的，考场上放着几盆大冰块降温，我只记得手臂上汗淋淋的，又怕弄湿了考卷，不怎么顾得上擦汗，做题要紧。考完一场就回家休息，睡梦中恍惚母亲在帮我打扇。

当年我的高考成绩及高考志愿：

| 成绩 | 政治 | 74.5 | 数学 | 76 | 物理 | 72 | 化学 | 86 | 外语(笔试) | 37.5 |
| | 语文 | 63.5 | 历史 | | 地理 | | 总分 | 372 | 外语(口试) | |

何时、何地、因何原因受过何种奖励、处分？ 1977—1978年在杭十一中多次被评为三好学生。

报考志愿栏

全国重点高等学校	系科（专业）		一般高等学校	系科（专业）
第一栏	1. 浙江大学	机械工程 材料机科与设备 运筹学 工业与民用建筑	第二栏	1. 杭州大学	化学系 生物系
	2. 同济大学			2. 浙江农业大学	蚕桑 茶叶
	3. 北京师范大学	化学 数学		3. 浙江丝绸工学院	电站板厂应用 丝绸机械
	4. 南京大学	计算数学 分析化学		4. 浙江师范学院杭州分校	物理 化学
	5. 华中工学院	电力系统自动化 电力系统继电保护及自动化		5. 浙江水电学院	农机 农业电机械

如上面填的学校录取满额时，你是否服从国家需要分配到其他院校：我服从国家需要

说明你在何地上学具备走读条件的情况：在杭州上学具有走读条件

该报考生是考 社、镇、厂矿、学校街道意见 同意报考 1978年 7月23日

志愿填得完全没有章法，或许是这个原因录取通知书来得很迟。

1978年的9月，我和下乡的姐姐都拿到了大学录取通知书，前途问题自然就解决了，父母精神负担卸下了。想起来这辈子，我为父母做的事太少，考上大学算是给父母的安慰，令他们心情舒畅，颇为自豪。社会上对我们上大学也很关注。父亲单位主动提出给补助，从困难救助金中拿出了60元，解决了我们姐妹外出上学的衣物铺盖。

上大学改变了我的人生轨迹，我一直深深感谢邓小平、感谢他大刀阔斧、果断的改革，他是伟大的人，是我们的贵人。也很感谢那些帮助我们复习迎考的老师——他们不计报酬，辛勤付出。

充实的大学生活

我的学号是南京工学院土木工程系工业与民用建筑专业的最后一名。冥冥之中机缘巧合，工业与民用建筑选择了我，有幸与那么多优秀的同学共同度过美好的四年。我们同住文昌桥（沙塘园），同吃一个食堂饭。

一间8人宿舍，一边两张上下铺床。我们7个女生，来自河北保定、浙江杭州、江西南昌及江苏。我是吴建华的上铺，对面是欧阳晓芒，晓芒的下铺是王丽华，丽华边上是梅建芬，建芬的上铺吉同宁，同宁对面的空铺放着箱子之类的东西，下铺是邵俊华。大二时搬去了沙塘园，好像是五张上下铺床，记得我变成了靠门的上铺，原来建华的位置住进了79级的王颖同学，一共8人。

南京冬天冷，夏天热。冬天还好过，教室里人多，回宿舍多盖点。苦的是夏天，热得睡不着觉，打着扇子还是热，头伸出帐子外也还是热！1979年夏天江苏溧阳地震，当时很奇怪俊华同学跑下楼的速度，我慢悠悠地下楼看了看热闹，没事人一般。大约是保定人感受过地动山摇的唐山大地震。邵俊华夫妇仗义重情，

254

我们在北京来往颇多，一直记得北京站前的四合院，还有邓强那优雅和善的妈妈。

建华同学是个爱干净的人，我在上铺，常常有注意不到的地方，有时候灰尘什么的落下去，她也好脾气地自己清理。我有次生病，实在懒得打扫，想着她下自习前处理，结果一觉醒来，大家已经回来了，建华早就不声不响地整理好了。我们7个室友，各有自己的性格脾气，其实都是好相处的人。我的两位同班女同学聪明、要强、有毅力。至今记得我们三人夹着厚厚的图板，一路上有点小小的抱怨，呵呵。

早上跑几圈，每当广播操音乐响起，无论在哪里，都可以停下来原地做操，无须组织，无须打卡。体育课学打排球、篮球，学垫上操及游泳（我是在南京工学院的游泳池里学会了游泳），下课前，筋疲力尽的我们还要跑800米，在老师的叫喊声中跌跌撞撞地冲向终点。每天下午我们也会找时间锻炼，欧阳晓芒是练剑的，当我码这段文字时，眼前就好像看见了她练剑的一招一式，英姿飒爽，甚是让人羡慕；丽华更是高手——跳高跳远，又是校篮球队的，舞也跳得好，在学校是女神一般的存在。

早晨轮流去食堂买七个馒头，当早饭；傍晚两人值班打满七个热水瓶。我们一起过中秋节，吃学校免费发的月饼。又一起上课，一起自休。姐妹之情，同学之谊。回忆起来都是那样的美好。

还记得在校园里听到给刘少奇平反时的震撼。在校园里看陶斯亮的《一封终于发出的信》时，感叹于其文采斐然，惊讶于真相显露。思考的萌芽在那一刻悄悄兴起。

努力、勤奋、向上是我们大学生活的主基调，在人人刻苦，个个争先的那种学习环境培养了我们不怕困难，有毅力、能吃苦、肯吃苦的品质，教会了我们珍惜时间。所谓与智者同行，与高人为伍，我从我的大学同学中学到了很多。

我的大学学生证：

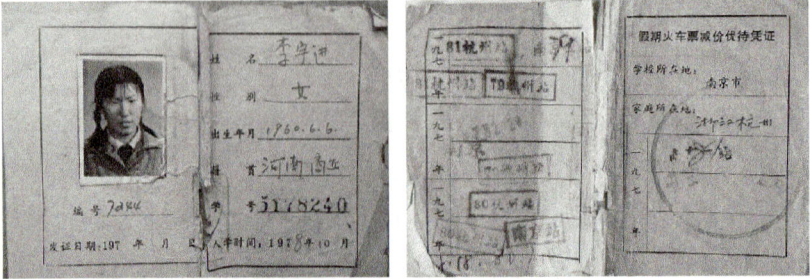

我的部分大学成绩单：

大学毕业鉴定：

借此机会，感谢这么多年来给予我及家人帮助与照顾的大学同学，真心谢谢！

事业单位 21 年

1982 年 8 月 25 日我去位于北京的机械工业部设计研究总院设计处报到，开始了设计生涯。图板、丁字尺、鸭嘴笔、墨水、刀片以及针管笔是我们的工具。设计处对我们来自各高校的 40 多名新员工进行了基本功的训练——练仿宋字、练刮图。仿宋体要横平竖直，刮图的要三遍后图纸上基本没痕迹。那时候工程是厂房多，住宅也不成规模，多是砖混结构。钢结构的焊缝是要一点点画的。没有电算机房，计算基本靠手算。一个北京的高层，要把一榀榀剪力墙、框架荷载、数据列出，然后去北京计算机中心做计算，也无法做空间偶联计算。设计人员依据概念来加强配筋及整体考虑。

我当时的工作证：

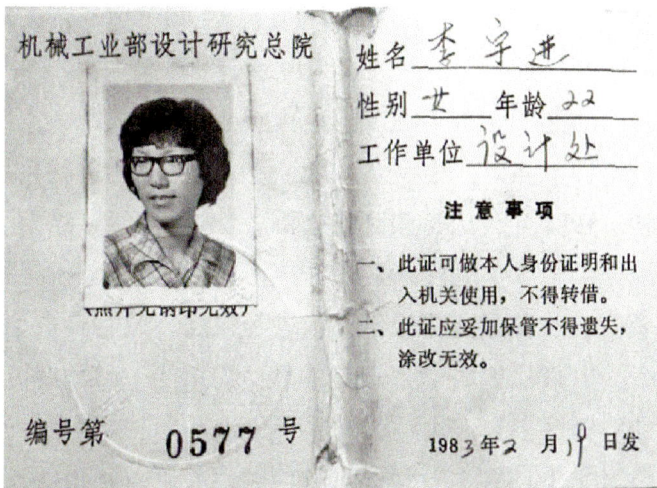

每日里或站或坐，时而计算时而绘图。手上常常沾上墨水和硫酸纸那白色的刮末。在北京工作的日子并不长，但基础打得扎实。我对总院一直心存感恩。

257

1985 年 3 月，我调至杭州市建筑设计研究院工作。院长是程泰宁，程院长做行政也是有声有色（1989 年后程院士卸任，专心去做他的建筑创作了）。杭州市院影响力扩大，标志性公建承建了一些，其他工程也很多，有个万元产值 360 的奖金说法。结构设计的画图量很大，特别是梁详图，为解决这个问题，我们动了许多脑筋，想了很多办法，在杭州友好饭店工程中，试着采用平面标注梁的配筋、截面办法来减少工作量，出图之后施工方不理解、不习惯，特别是大样师傅天天与我们见面，我每天去工地一趟去沟通，也没少花时间。在这种情况下也没有再做第二工程平法制图。大约是 1990 年代末，北京的同行陈青来介绍他们做的平法，和我们的思路基本一致。陈青来的执行力强，很快推出了标准图集，2003 年正式出了国家标准图集——03G101-1《混凝土结构施工图平面整体表示方法制图规则和构造详图》。创新就是生产力！宣传、行动力及坚持，在对的时间做对了事情。陈青来同行做成了一件大好事，为广大的设计工程师节约了大量的时间、人力成本。

1987 年左右开始使用 SHARP-PC1500 袖珍计算机，我和几个同事去培训了几天，然后给大家汇报情况，其实也就只能计算框架结构。1988 年夏天杭州院建立机房，买了几台 286 还是 386 电脑，地面装修成木地板，漂亮的窗帘，还有空调。机房是院里不菲的资产。号称是要恒温无菌，进个机房，煞有介事地登记、换鞋披褂。电脑装的是 DOS 操作系统，也装了 CAD 软件。当建筑平面曲线弧度大时，我们先在机房把复杂的曲线画完，打出来再人工画其他的内容，看到机房打印的硫酸纸，就很让人开心。计算多、高层的中国建筑科学研究院 TBSA 软件是机房的主要程序，各人在纸上写好上机的数据，排队上机，TBSA 软件是人机对话式的，纠错要靠自己对数据。中国建筑科学研究院的赵西安多次来杭州来介绍软件，当时他是红人，连幕墙的规范都请他编制。1994年，在贵州召开的全国高层会议，会后看见他满面春风地带着家人去黄果树瀑布。现在年轻设计师大都不知赵西安是何人。他们知道的是朱炳寅先生，对结构工程师而言，朱工意见、看法十分实用，虽然他对自己的宣传做得不多。但大家口口相传，论坛上十分火热。据说他是79级的学弟。真是江山代有才人出，各领风骚数十年。

1988年摄于杭州市建筑设计研究院办公室：

大约是1990年代中，邵弘同学的TAT软件开始使用，TAT因其前后处理的友好界面，使用、纠错方便，迅速替代了TBSA。在杭州、上海听了两次课，邵教授讲课的风格明确简约，概念、思路都很清晰，听得明白，容易接受。几年后中国建筑科学研究院的PKPM系列及STWA占据了全国市场的绝大部分，彼时浙江广厦也做了类似软件，在各个设计院宣传推广了几年，始终没能打开局面，也很快没了音讯。中国建筑科学研究院的软件有先天的信任优势。他们的软件两、三年升级一次，用户们还需交钱，只我们杭州市甲级设计院就有 200 多家。中国建筑科学研究院的日子很红火啊!

2010 年左右陈岱林从中国建筑科学研究院出来搞了个 YJK，他们的软件"盈建科"YJK 经过几年的努力，以其操作快捷方便，接口多，互相转模型方便，服务态度好，市场的份额逐年扩大。我被邀请参加 YJK 的讲座三四次，他们甚至来我们小设计公司上门服务，全程拿 YJK 比较 PKPM 优越的地方，我们也买了一套，也没升级费。只是，盈建科—赢建科—赢建科院，这名字也叫得过于直白，呵呵。

1996 年我们每人配备一台 586 电脑，开始用 CAD 软件画设计图纸，没有任何培训，大家各显神通，相互学习。那时的我各种命令打得很快，只听得键盘一阵响。CAD 的各种妙用使过去一个星期一张 A1 图的工作量翻了几十番。计算软件的发展和电脑的普及使用，迅速缩短了工程周期，为大规模土木建设的开展提供了技术基础。至此，图板、丁字尺等彻底退出历史舞台。

民营企业 12 年

1998 年朱镕基出任总理，国有企业改革风起云涌。2003 年 9 月在改革的浪潮中杭州市建筑设计研究院正式改制，成了企业编制。既然无所谓身份，大家的思想也解放了。外面的世界很精彩，设计人员的流动加大加快。大小民企设计院如雨后春笋般涌现，自称企业太高大上，老大们都说自己是"练摊"。我也卷进了小摊，"摊"的活力大，但压力也大。

企业首要任务是生存，需要有稳定的客户群。我们小摊的思路是：凭服务做企业。对外讲公司形象，对内讲企业理念，内容是：共创、共享、共荣，即共同创业、共同享有创业成果、共同以企业为荣。我们苏老大是学建筑的，是我杭州市建筑设计研究院的同事，他做方案能力强，显示了建筑师的才能。他无任何背景，赤手空拳打天下，在最好的形势下，员工 150 多人。多年来我们的"小摊"人员稳定率比较高，至今还活着。老大为人不错，心胸开阔。他常常说"散财聚人"很是有理。

每月两个星期三晚上，是我们的学习时间，按领导布置，要轮番讲课，讲专业的交叉、设计的常见问题，讲团队建设、单位的利益分配关系，讲客户的利益——实质就是帮开发商争取利益。有时也请外面专家来讲。我也好几次上公司讲台。时间一长，也感觉没必要形成制度。老大很坚持，经常念叨，我们几个以工作忙挤掉这个"学习时间"，或者开始学学规范。

在这 12 年里，有很多跳槽的机会，有一、二次都谈好了，结果还是没走。12 年就这样过去了。

结语

2015 年 6 月我办了退休手续，去了审图中心工作。工作节奏是慢下来，但没想象的轻松，一旦工程上手，还是被甲方各种催。这年头没有"优质"甲方。但工作中能经常与年轻人打打交道，好像也还愉快。36 年负责、审核的工程很多，就不一一列举。夕阳西下，怎么就老了，我觉得就没过够，难以相信！看来人生中美好的年华所剩不多，愿我们忘掉所有的不快，记住生活中愉快的事与人，健康开心地生活吧！

61.
结构成就建筑之美
——我的结构情缘

5178116 林卫宁

40 年前我怀着"设计好房子"的梦想，考进了名校南京工学院土木工程系。那时候还不懂何谓"建筑学"，何谓"工民建"，就这么误打误撞地开始了结构专业学习。四年系统、严谨、厚实的专业学习，建立了我的结构概念和理性思维；浓郁的学习氛围和学术熏陶，夯实了专业知识，开阔了视野，收获满满。

毕业后因工作需要，开始从事建筑设计工作，三年后又回到母校建筑系进修、读研，进而完成了专业上的一次蜕变。经过多年的建筑实践，我逐渐成为一名优秀的建筑师。

建筑承载着人们对功能、技术和美学的追求，好的建筑一定是艺术和技术的完美结合，而其中建筑与结构的关系最为密切。在人类建筑史上，建筑师与工程师本为一体。只是随着近代科技进步和社会分工的细化，才逐步分为两个专业。在建筑设计的各专业中，建筑与结构两个专业是具有"血缘关系"的专业。结构设计是建筑设计得以实现的保证，也是决定建设项目经济合理的重要因素，结构技术的进步和创新都会带来建筑形式的突破和创新。就我而言，作为学习结构出身的建筑师，骨子里就渗入了结构的概念和逻辑性思维，自然对结构与建筑的关联和美学互动有着与生俱来的敏感和认知。这就使得我在大空间、异形建筑和高层建筑设计方面较为得心应手，并且能与结构工程师配合默契，促成我有机会设计了众多的体育建筑、文化建筑，并成为福建省在此领域有影响的知名建筑师。

建筑之美的追求不外乎对形式与空间的探索，二者都离不开结构美的表达，这是建筑师和结构工程师共同追寻的目标。由于经过系统的结构专业学习，有了良好的结构概念和"土木人"特有的钻研精神，在项目设计中自然而然地对结构美的表达给予重视。首先，结构形式要有符合力学原理的逻辑性；其次，结构形式的构成尽可能地体现建筑美学的构图原则——统一、均衡、韵律等得以体现；最后，重视结构构件的细节美。结构美的实现促成了技术与艺术的完美结合。

结构成就建筑之美，这也是我从业30多年能够设计出一些好作品的重要基础。我的任何成绩和进步不仅得益于改革开放带来的发展机遇，使我有大量的实践机会，同时也受益于母校深厚的专业教育背景、扎实的专业知识和开阔的专业视野。特别是学习了结构和建筑两个专业，理性思维和感性表达达到有机融合，使得我在专业方面能取得一些成绩。感恩我们的时代，感恩母校，感恩给我建筑启蒙教育的土木系。不忘初心，继续前行。

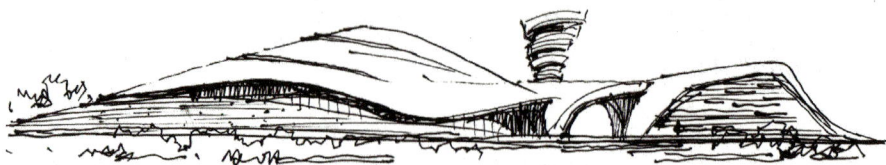

平潭风博物馆

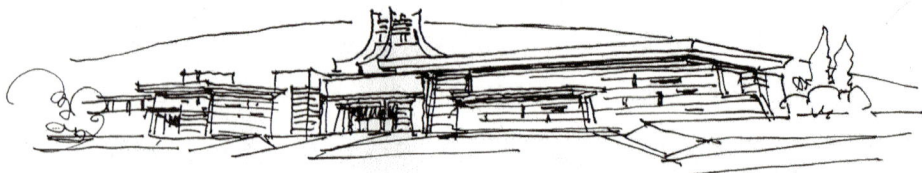

昙石山博物馆

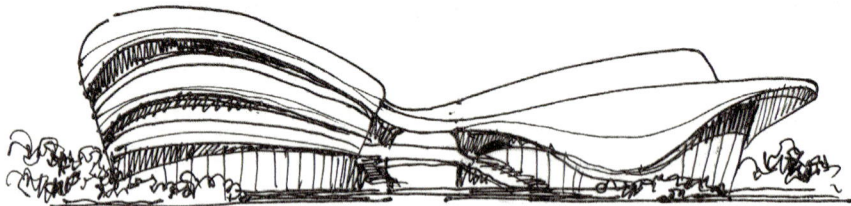

福州大学城文化艺术中心

鲤鱼洲宾馆